LA CHANCE DE VIEILLIR

Essai de gérontologie sociale

La Gérontologie en Actes

L'évolution des connaissances sur le vieillissement et les constantes mutations de l'action gérontologique requièrent une large diffusion des études, des recherches et des actes de colloques, véritables brassages d'idées, de concepts, de pratiques professionnelles et de politiques publiques qui participent à l'innovation.

La collection La gérontologie en actes a vocation d'éditer ces contributions qui accompagnent le développement de l'action auprès des personnes âgées.

MICHEL BILLÉ

LA CHANCE DE VIEILLIR

Essai de gérontologie sociale

L'Harmattan
5-7, rue de l'École-Polytechnique
75005 Paris
FRANCE

L'Harmattan Hongrie
Hargita u. 3
1026 Budapest
HONGRIE

L'Harmattan Italia
Via Bava, 37
10214 Torino
ITALIE

© L'Harmattan, 2004
ISBN : 2-7475-6080-5
EAN : 9782747560801

A Louise, à Martin, à Jules et à ceux dont je ne connais pas encore le prénom…

« *La vieillesse offre seule l'occasion de comprendre, rétrospectivement, le sens des étapes antérieures, et le « sens de la vie.* »
Avec elle est donnée ou peut être donnée, la compréhension de la mort, de l'amour, des joies de l'esprit, de l'utilité de la douleur, de la vocation, etc. Avec elle est donnée la possibilité de déchiffrer à rebours. »

Michel PHILIBERT,
L'échelle des âges, Paris,
Le Seuil – 1968.

Introduction

« Maintenant que la jeunesse
a fui, voleur généreux,
me laissant mon droit d'aînesse
et l'argent de mes cheveux [...]
Il fait beau à n'y pas croire,
Il fait beau comme jamais ! »
                    L. ARAGON.

Pour la première fois dans notre histoire, nous avons, individuellement et tous ensemble, la chance de vieillir beaucoup. Nous atteindrons, en moyenne, des âges de plus en plus importants qui étaient exceptionnels il y a moins d'un siècle.

En 1950 la France comptait 11,6 millions de personnes âgées de plus de 50 ans, soit 28 % de la population.[1] Ce taux sera porté à 40 % en 2020 et à 45 % en 2050. Il y aura alors 29,5 millions de plus de cinquante ans c'est à dire près d'un français sur deux. On peut penser évidemment qu'à cinquante ans on est encore loin d'être vieux et c'est vrai. L'intérêt de ce chiffre est de nous mettre en alerte par rapport à un phénomène, à une dynamique qui structure lentement mais efficacement de nouveaux équilibres démographiques. La transformation concerne, en effet, aussi les tranches d'âge

---

[1] L'ensemble de ces chiffres sont empruntés à l'ouvrage de Robert ROCHEFORT : *Vive le papy-boom.* Ed. Odile Jacob, Paris, 2000. P.43.

supérieures : les plus de 60 ans qui représentaient 16 % de la population en 1950 devraient atteindre 27 % en 2020 et, selon toute vraisemblance, 34 % en 2050. Autrement dit, si en 1996 un français sur cinq avait plus de soixante ans, entre 2010 et 2020, un français sur quatre sera dans cette situation. Même s'il faut répéter qu'à 50 ou 60 ans, bien sûr on n'est pas vieux, et que les difficultés liées à l'âge n'apparaissent que bien plus tard (80 ou 85 ans en moyenne, avec ce que l'on appelle l'explosion du grand âge, et la multiplication des centenaires : plus de 12000 en 2003) ces chiffres montrent une augmentation de la proportion des plus âgés dans la société française contemporaine. On devine alors les difficultés que cette situation nouvelle va poser dans de multiples domaines : les retraites, et la santé par exemple, mais aussi la vie familiale, les rapports intergénérationnels et, finalement, la nature même du lien social.

Vivre de plus en plus longtemps, et dans l'ensemble, plutôt en bonne forme, (moins de 5 % de la population âgée vit en établissement[1]) nous en rêvions, tant la peur de la mort nous obsède. Nous en rêvions et voici que cela devient possible. Chacun de nous a désormais, statistiquement, la chance de devenir très vieux. La chance : comment se fait-il, dès lors, que nous parvenions à ne voir dans cette chance qui nous est donnée que « le problème du vieillissement de la population » ?

Cette vision pour le moins paradoxale se justifie partiellement, et, d'ostéoporose en maladie d'Alzheimer, il se peut que certains d'entre nous connaissent des fins peu enviables ! Pourtant, pour la plupart, nous aurons la chance de vivre longtemps et en bonne santé ou en relative bonne santé. Si nous admettons alors que l'humanité n'est pas faite

---

[1] Robert ROCHEFORT Ibidem, P.113.

que de sujets jeunes et « beaux », si, même vieillis, nous nous en reconnaissons membres, alors il se pourrait que vieillir soit une chance pour chacun. Il se pourrait donc que le défi que nous ayons à relever consiste à faire de ce vieillissement une chance pour le corps social tout entier.

Pour contribuer à cette réflexion, il nous paraît essentiel de construire, sur l'ensemble des questions qui peuvent se poser à propos de la vieillesse, une approche ouverte, décloisonnée, qui emprunte à plusieurs disciplines et qui essaie toujours de replacer les phénomènes dans le contexte de société où ils se produisent. En d'autres termes il nous faut tenter de développer une gérontologie sociale, c'est-à-dire une approche sociale des questions de gérontologie : de quel traitement social la vieillesse fait-elle l'objet ? La sociologie prend, dans ce souci, une place importante mais non exclusive et permet de conforter une approche de la vieillesse qui ne soit pas entièrement dévolue à la médecine. Il ne s'agit pas de dénier au gériatre sa place et sa spécificité, il s'agit même de les lui reconnaître et de reconnaître aussi que d'autres approches de la vieillesse sont utiles, indispensables, et non réductibles à une approche médicale. Même si, avec l'âge, les préoccupations liées à la santé, à la maladie et aux soins deviennent parfois majeures, vieillir n'est pas une maladie. Ne faisons pas du gériatre le seul spécialiste, au fond, de la vieillesse mais laissons le dans son rôle de spécialiste des maladies liées à la vieillesse. Vieillissant, nous avons plus que jamais, sans doute, à intégrer les préoccupations de santé dans l'organisation de notre vie quotidienne mais, aussi longtemps que possible, il nous faut penser notre vie pour que la maladie n'en devienne pas le centre. Le gériatre, par l'approche globale qu'il a de la personne, y contribue efficacement.

Nous sommes tentés de considérer que l'approche gériatrique est prépondérante parce que, si la santé disparaît, le reste du propos est à peu près sans intérêt. Certes, mais la santé elle-même n'est pas qu'affaire de médecine. C'est aussi parce que la prévention d'un mauvais vieillissement ou d'un vieillissement dans de mauvaises conditions n'est pas qu'une affaire médicale qu'il faut développer une gérontologie sociale.

La prévention dont on parle ici se joue dans toutes les composantes de la vie sociale. Il s'agit de la manière d'organiser la ville, les transports, l'offre culturelle, l'offre de soins et de services à la personne. Il s'agit aussi de vie sociale et culturelle, d'engagement associatif, de pratique d'activités physiques, de lien social, de relations affectives, de sexualité, de relations amoureuses ; il s'agit en somme d'une certaine manière d'être au monde, actif et acteur de sa vie. Cette manière de penser permet d'inscrire la réflexion sur la vieillesse dans la complexité d'une approche, nécessairement décloisonnée, des transformations d'une société dont la compréhension n'est jamais réductible à un seul point de vue.

Ainsi le lien entre les questions relatives à la vieillesse et l'évolution des formes et structures familiales nous paraît se situer au cœur du débat que nous avons à tenir. Il nous faut donc, si nous voulons tenter de comprendre le contexte dans lequel se posent les questions de gérontologie, commencer par regarder du côté des transformations familiales. C'est, de notre point de vue, exactement ce genre d'approche qui justifie l'utilisation du terme « gérontologie sociale. » Il s'agit d'étudier le social dans lequel nous vieillissons et les effets réciproques du social sur le vieillissement.

Comment vieillirons-nous ? Seuls ou en couple ? Où ? Dans quel type d'univers familial ? Dans quelles conditions de soins et d'accompagnement ? A quels types de services devrons-nous recourir ? A domicile ? En institution ? Avec quels modes de financements et de contrôle ? Ces questions qui se posent ou se poseront à une majorité d'entre nous, montrent bien que nous ne pouvons penser les réponses aux problèmes posés par la vieillesse qu'en les étudiant dans un contexte global de société. Il s'agit d'essayer de comprendre les phénomènes en les reliant à d'autres qui, souvent, les éclairent, les expliquent. C'est typiquement une tentative de réflexion complexe.

La vieillesse et la vie familiale entretiennent ainsi des rapports si étroits que l'on ne peut comprendre la première qu'à condition de regarder comment la seconde s'est lentement et profondément transformée. Heureuses ou difficiles, l'aventure familiale et l'aventure de la vieillesse se confondent, se recouvrent, se croisent en plus d'un point. C'est encore en famille qu'on célèbre l'enfant qui vient au monde (dans la plupart des situations), c'est en famille que cet enfant grandit, que l'adulte essaie de construire sa vie et c'est en famille ou du moins dans un faisceau de relations familiales que chacun de nous vieillit. Mais La vieillesse pose aux familles dans lesquelles elle advient quelques soucis, même si ces soucis se développent avec, pour toile de fond, la grande joie que constitue le fait de vieillir, c'est-à-dire de vivre encore, de vivre longtemps, alors que d'autres que l'on a aimés n'ont pas eu cette chance.

Les familles entretiennent ainsi avec les plus âgés des relations complexes, intenses, investies, quels que soient les bonheurs qui jalonnent la vie et les malheurs qui la

13

perturbent. Des familles et des vieux, des soucis donc mais peut-être la chance de vieillir.

Notre art de vieillir se confond alors partiellement avec notre art de construire, à tous les âges et avec tous les âges des relations harmonieuses, durablement. Pourtant, rien n'est simple dans cette recherche d'harmonie, parce que les représentations que nous avons de la famille et de la vieillesse changent très vite et que la réalité de la famille, des familles et de nos vieillissements change également.

« La représentation de la vieillesse est tellement négative que même les personnes âgées refusent de s'y identifier »[1]. Mais, désormais, l'allongement de la durée moyenne de vie laisse apparaître de nouvelles manières de vieillir, de nouveaux comportements, repoussant loin vers la fin de la vie les images négatives de la vieillesse. *« Le stéréotype traditionnel de l'âge, qui associait vieillesse à maladie, pauvreté à isolement, cède la place à une nouvelle représentation positive de la vieillesse »*[2].

Souvent nous parlerons des « vieux. » Il se peut que cette forme de langage paraisse choquante à certains lecteurs qui auraient préféré que l'on parle des anciens, des aînés, des seniors ou des personnes âgées. Nous emploierons bien certains de ces termes aussi, mais que ces lecteurs nous pardonnent cette manière un peu brutale de parler : pour la clarté du propos, dans une société où l'euphémisme est la

[1] UNOPA, Jean-Jacques AMYOT et alii. *Cent idées reçues sur la vieillesse*. Reims, 1997.

[2] Anne-Marie GUILLEMARD. *A propos de la nouvelle représentation activiste de la vieillesse*. Gérontologie n°28, octobre 1978, p.43-47. Cité par UNOPA, Cent idées reçues sur la vieillesse.

base du « politiquement correct » nous préférons affirmer que vieillir c'est vieillir et que nous sommes personnellement, sans être encore très vieux, beaucoup plus vieux quand même que quand nous étions plus jeunes et que ce n'est pas toujours facile à accepter et à vivre. En tous cas, en le disant ainsi, chacun comprend spontanément de quoi l'on parle. Et puis, s'il fallait, pour ainsi dire, une recommandation : Jacques Brel a si bien chanté « Les vieux », il a si bien anobli ce vocable, il nous les a rendus si proches qu'il nous en a fait les complices.

En même temps que changent la vieillesse et notre manière de vieillir, la famille change et notre manière de vivre en famille se transforme. Il n'existe en fait que des familles, différentes à tous points de vue. Parce que ce qui en fait la structure même a changé, la nature du lien familial s'est transformée, ce qui fait famille aujourd'hui est nouveau. Si nous voulons, par conséquent, démêler quelques-uns des soucis que nous posent et nos vies familiales et notre avancée en âge, il nous faut tenter d'analyser et de comprendre les transformations de nos univers familiaux, l'apparition de leurs nouvelles formes et les rapports entre les générations qui s'y peuvent nouer. Il nous faut encore observer et saisir le traitement social dont la vieillesse fait l'objet, en famille ou en dehors d'elle, la fonction sociale et le rôle que nous conférons aux personnes âgées. Il nous faut enfin réfléchir à la manière dont nous concevons et mettons en œuvre l'accompagnement de ceux qui, vieillissant, connaissent des détériorations graves de leurs capacités et entrent dans des processus lourds de dépendance. Ceux qui sont confrontés à ces questions (ou qui acceptent de se laisser interroger par elles) se sont déjà engagés dans ces réflexions et pourront trouver, par conséquent, intérêt à la lecture de nos propos.

PREMIERE PARTIE :

Des familles où vieillir

Chapitre I

La famille ou les familles ?

« Maintenant que ma mère repose, comme on dit, dans le cimetière de la petite ville de mon enfance [...] Maintenant que j'ai récupéré tout l'héritage de ma lignée... je suis tenté d'essayer de reconstituer [...] l'identité culturelle de ma mère et, par là-même, celle de ma tribu. »

Michel RAGON,
L'accent de ma mère, Paris,
Albin Michel, 1980.

De nombreux sociologues contemporains ont développé ces dernières années des travaux remarquablement documentés sur l'évolution des formes familiales, des structures familiales. Ils nous ont ainsi appris à observer les transformations des modèles familiaux et à tenter de les comprendre. Citons par exemple, nous y reviendrons, les travaux d'Irène THERY, Martine SEGALEN, Louis ROUSSEL, François de SINGLY.

Par ailleurs, les discours sur la « famille », facilement idéologiques, tendent souvent à nous faire croire qu'elle est la pire ou la meilleure des choses et que, si elle n'a pas fini de sévir ou de chérir, en toutes hypothèses, elle tend à disparaître. Pour les uns il convient de combattre la famille en tant que lieu premier de l'oppression dont l'enfant est l'objet ; pour d'autres il convient, de manière parfois réactionnaire, de défendre la famille, mise à mal de toutes parts. C'est bien connu, le bon pain, la religion, la politesse, la famille : « tout fout le camp. » Pour les mêmes et pour d'autres encore, il se pourrait qu'à force de la négliger, voire de la maltraiter, la famille disparaisse, se dissolve, dans un social informe où l'on aurait bien du mal à la reconnaître. Quoi qu'il en soit, la famille est au moins ce que Jean-Pierre OLIVIER de SARDAN appelle une « configuration »[1] qui existe et mérite donc d'être étudiée, parce que cette configuration familiale « définit l'existence même » de la famille.

La famille se perd ? Rien n'est moins sûr. Elle se transforme. Comme toujours, quand, autour de nous, les choses changent, nous perdons les repères qui nous servaient

---

[1] Jean-Pierre OLIVIER de SARDAN. *Anthropologie du développement*. Ed. Apad-Karthala, coll. Hommes et sociétés, Paris, 1995.P.7.

21

à les comprendre. De ce fait, ne comprenant plus ces choses, ne les observant plus, nous ne les voyons plus, nous ne les reconnaissons plus et nous avons tendance à les croire disparues. La sociologie, d'ailleurs, nous apprend à regarder et à comprendre que tout, dans une société donnée, change en même temps et que ces changements sont interactifs, se provoquant les uns les autres, s'influençant, se complétant, se démultipliant. C'est ainsi que la technologie change en même temps que changent, par exemple, l'entreprise, l'école, l'art, la ville, la médecine ou la famille.

Tous ces changements se produisent ensemble et sont, au même moment, influencés par les mêmes modèles : modèles de pensée, d'action, modèles technologiques... C'est ainsi qu'il n'est pas exagéré de dire qu'à une période donnée de l'histoire, on pense comme on construit, on construit comme on soigne, on soigne comme on peint, comme on compose la musique ou la ville, et que l'on pense les rapports humains en fonction des mêmes modèles. C'est ce qu'explique Paul BLANQUART : « *Ainsi l'espace que l'on construit est à la fois une manière d'être, de vivre ensemble, de penser. Figures spatiales, structures sociales, et formes mentales se correspondent, renvoient les unes aux autres dans l'unité d'une culture, d'une façon, en un temps, en un lieu, d'être humain* »[1].

L'époque dans laquelle nous vivons actuellement n'y échappe pas et bien qu'il soit toujours difficile de comprendre les transformations au moment précis où elles s'opèrent, il semble utile de chercher à énoncer quelques-unes des logiques qui les organisent et leur donnent sens.

---

[1] Paul BLANQUART. *Une histoire de la ville*. Ed. La Découverte, coll. Essais – Paris, 1997.

Il apparaît, par exemple, qu'après le modèle technologique du circuit et du branchement (branchement électrique, téléphonique… « t'es branché ? ») c'est celui du réseau et de la connexion (réseau Internet… « t'es connecté ? ») qui devient aujourd'hui non seulement modèle technologique mais modèle de pensée et d'action et qu'il organise de ce fait des pans entiers de notre vie collective, sociale et familiale en particulier.

Il paraît donc tout à fait utile, malgré un risque d'erreur non réductible, d'essayer de nommer ces transformations et cela d'autant plus que si elles comportent des risques (du point de vue de la personne, du groupe et de la qualité des échanges qui s'y peuvent nouer), le pire n'est pas sûr pour autant ; il se pourrait même que nous ayons à faire des choix, à exercer notre liberté, à construire une nouvelle organisation sociale. Choix de société, choix de civilisation, pratiques culturelles nouvelles ou renouvelées.

Ces questions se posent à tous les niveaux de l'organisation sociale, quelle que soit la dimension de l'ensemble humain observé. Les familles dans lesquelles nous vivons sont ainsi pénétrées et modelées par ces transformations. Les rapports que nous y entretenons (entre parents et enfants, entre grands-parents et petits-enfants…) sont imperceptiblement et pourtant profondément modifiés par ces transformations. Nous en souffrons parfois, nous nous en réjouissons aussi, souvent nous cherchons à comprendre ce qui nous arrive jusque dans nos familles.

La famille, modèle culturel

« Le fait familial, si profondément inscrit en chacun de nous, nous porte à penser qu'il est à la fois naturel et universel. »[1]

Aux sources mêmes de notre culture, le modèle familial s'impose à nous, non seulement comme forme de vie sociale mais comme dimension idéologique : entre structure familiale, modèle familial ou famille modèle, ce modèle est omniprésent. La mythologie grecque, par exemple, peut être lue ou relue comme un entrelacs extraordinaire de relations familiales. Tout y est : l'amour, la haine, le meurtre, la vie, l'enfantement, l'inceste, le conflit, la jalousie, la colère, la révolte, la soumission, le mensonge, la séduction, la beauté... que sais-je encore ?

De Cronos (fils d'Ouranos, le ciel et de Gaïa, la terre) qui épouse sa sœur Rhéa et dévore ses propres enfants, à Zeus, son fils rescapé qui devient maître du ciel et épouse Métis, la prudence, puis Thémis, puis Eurynomé, puis la sœur de celle-ci (Déméter), puis Mnémosyme (la mémoire) puis Léto, puis Héra... Bref de toutes ces unions naquirent des fils et filles, sans compter ceux qui naquirent de l'union de Zeus et de ses maîtresses. Une véritable histoire de famille, comme on en connaît aujourd'hui ou presque, famille composée, décomposée, recomposée, demi-frères et sœurs, « parentèle »[2] dans laquelle chacun a bien du mal à se retrouver.

---

[1] Martine SEGALEN. *Sociologie de la famille*. Ed. A. Colin, coll. U. P.59.Paris, 1996.
[2] Parentèle: ensemble des personnes unies par le lien de parenté.

Comment ne pas évoquer Oedipe qui tue son père et épouse sa mère, Jocaste, avec qui il consomme l'inceste ? Ils eurent ainsi quatre enfants dont Antigone qui guidera son père aveugle dans son errance puis se donnera la mort ! Mythe d'Oedipe dont la théorie psychanalytique nous donne à comprendre l'enseignement : la confusion sur les origines, le meurtre réel ou symbolique du père, la relation fusionnelle à la mère, l'inceste réel ou symbolique, condamnent irrémédiablement les êtres humains à n'exister jamais comme sujet et par conséquent à mourir symboliquement, affectivement, socialement mais aussi réellement.

L'Ancien Testament, autre récit fondateur de notre culture, ne nous raconte pas autre chose que les histoires mythiques, on le comprend bien, d'un couple et de leurs enfants. Adam et Eve eurent deux fils, Caïn et Abel Que croyez-vous qu'il arriva ? Caïn tua Abel ! Alors Adam et Eve eurent un autre fils, alors qu'Adam avait 130 ans. Ils l'appelèrent Seth. Seth engendra Enosh qui engendra Qenân… Bref les générations s'enchaînèrent jusqu'à Mathusalem qui mourut à 969 ans et qui n'est autre que le grand-père de Noé, de qui Abraham descend en ligne directe. Abraham, père d'Isaac, donc grand-père de Jacob… Nous sommes tous, ainsi, des enfants d'Abraham. Histoires de familles…

Le Nouveau Testament, quant à lui, fait naître un enfant, Jésus, dans des conditions un peu particulières, on le reconnaîtra, et lui constitue aussitôt une famille, une « sainte famille » qui mérite qu'on la considère un instant tant elle est figure emblématique de la triangulation oedipienne et figure fondatrice de la parentalité.

Bruno CASTETS définissait ainsi les fonctions parentales :

« Le Père... il n'est pas, il est celui que l'on dit être... celui qui est reconnu comme tel par la Mère »[1].

« La Mère [...] est celle qui enfante » mais présente ou absente, *« l'important est que la mère soit celle qui regarde et qui parle, qui entende et qui demande, qui inscrive et qui souscrive »*[2].

Françoise DOLTO, dans la lecture qu'elle fait du Nouveau Testament, reprend ce thème : *« Etre père, c'est donner son nom à son enfant, c'est payer de son travail la subsistance de cet enfant, c'est l'éduquer, l'instruire, c'est l'appeler à plus de vie, plus de désir [...] C'est bien différent que d'être géniteur. Tant mieux, peut-être, si le père est le géniteur, mais, vous savez, il n'y a que des pères adoptifs.*

Un père doit toujours adopter son enfant [...] Un homme n'est jamais sûr d'être le procréateur, il doit faire confiance à la parole de sa femme.

Ainsi, la densité humaine de chaque couple se retrouve dans l'histoire du couple que forment Joseph et Marie. Mais en retour, ce couple extraordinaire nous aide à découvrir ce qu'il en est de la profondeur d'une rencontre entre un homme et une femme ordinaires »[3].

La famille, on le voit, plonge ses racines dans les mythes fondateurs de nos cultures. Quoi d'étonnant alors à ce que chacun, dans sa propre famille, construise, à son tour, un mythe familial auquel s'accorde ou se désaccorde son histoire

---

[1] Bruno CASTETS. *La loi, l'enfant et la mort.* Ed. Fleurus, Coll. Pédagogie Psychosociale. Paris, 1974.
[2] Bruno CASTETS. Ibidem.
[3] Françoise DOLTO. *L'évangile au risque de la psychanalyse.* Ed. Jean-Pierre Delarge. Paris, 1977.

personnelle ? Paradoxalement, alors même que les mythes fondateurs mettent en scène des familles aux relations complexes, difficiles, mouvementées, voire contre nature, nous gardons active la représentation d'une famille idéale, unie, homogène, harmonieuse, naturelle. Nous aimerions bien qu'elle existe ou qu'elle ait existé ; elle nous paraît sécurisante et fait office de référence, de norme : c'est en cela que ce modèle devient, potentiellement au moins, modèle idéologique. Mais les modèles, les représentations avec lesquels nous avons grandi se transforment, au point que nous ne reconnaissons plus la famille. Ne la reconnaissant plus, nous sommes prêts à croire qu'elle a disparu. Sans doute s'est-elle plutôt transformée, diversifiée, et sans doute se transforme-t-elle encore.

Famille : singulière ou plurielle ?

« Nous parlons de familles comme si nous savions tous ce que sont les familles. Nous tenons pour des familles des ensembles de gens qui vivent ensemble durant un certain temps, qui sont liés entre eux par le mariage ou la parenté... »[1].

Cette réflexion de Ronald D. LAING mérite que l'on s'y attarde car elle permet de clarifier les bases d'un débat. C'est sans doute parce qu'il n'y a de familles que singulières que la famille est, en fait, plurielle, diversifiée. Comme institution, « LA » famille existe indubitablement. Elle est dans notre société une réalité juridique, psychologique, affective, économique, sociale, culturelle et historique bien sûr. Mais cette réalité prend des formes très diversifiées. C'est pourquoi il est utile de rappeler qu'il n'existe pas une famille mais des familles, pétries de cultures et d'histoires différentes, enracinées dans des terroirs, des villes, des territoires contrastés, référées à des coutumes variées et déterminées par des ressources économiques inégales.

Diversité culturelle, d'abord : les pratiques familiales d'ici ne sont pas celles d'à côté ou pas tout à fait. Patriarcat, matriarcat, monogamie, polygamie, traditions familiales, pratiques festives, types d'habitat. A l'intérieur même de la société française contemporaine, les formes de vie familiale, de pratiques familiales sont diverses. Cette diversité s'exprime aussi bien sur le plan des valeurs présidant aux

---

[1] Ronald D LAING. *La politique de la famille*. Ed. Stock, Coll. Plus, Paris, 1972-1979.

échanges familiaux que sur le plan des références politiques, spirituelles, idéologiques et sur le plan encore des habitudes de vie : pratiques alimentaires, goûts artistiques etc.

Diversité historique, également : on a bien conscience que les formes familiales que nous « habitons » aujourd'hui ne sont pas, d'une façon générale, celles qui s'imposaient au dix-neuvième siècle ou au début du vingtième. Ainsi, l'abandon de la puissance paternelle au profit de l'autorité parentale a accompagné la redistribution des rôles masculin et féminin ; l'art de vivre en famille s'en trouve considérablement transformé.

Diversité économique, enfin : les familles, unités de production et unités de consommation, présentent, au plan économique, une grande diversité de situations : niveaux et types de revenus, patrimoines ou absence de patrimoine, précarité, pauvreté, transmission d'héritages, aisance, endettement ; bref, ne serait-ce que du point de vue de la situation économique, il nous faut bien apprendre à écrire « familles » au pluriel.

Pour être complet - mais comment l'être ? - Il faudrait, bien sûr, ajouter que la diversité est aussi :
- dans la forme juridique que la famille a revêtue (mariage, divorce, PACS, union libre…)
- dans le nombre de personnes qui constituent l'ensemble familial (nombre d'enfants, présence d'oncles, de cousins, de grands-parents)
- dans le caractère intergénérationnel de l'édifice familial (combien de générations présentes en même temps dans cette sphère familiale ? Combien réellement en relation ?)

Il faudrait encore ajouter les effets de l'immigration, quelle qu'en soit la provenance, parce qu'elle apporte à la réalité des modèles familiaux que nous connaissons des références et des pratiques nouvelles. On se réjouit de ces apports, même si quelques uns, crispés sur le passé, le déplorent. De fait, ces mélanges viennent enrichir la diversité, compléter notre métissage permanent et ré-interroger nos certitudes. Les réalités familiales aujourd'hui, c'est-à-dire dans une société en transformation constante, sont diverses, hétérogènes, changeantes.

Curieusement, il est fréquent que dans ce contexte sociétal, société du changement, nous continuions à penser comme si nous étions encore dans une société traditionnelle.

Pour opposer ces deux modèles, il ne serait pas faux, sans doute, de dire que la société traditionnelle est structurée, organisée, construite et fonctionne pour que demain soit identique à hier. A l'inverse, la société moderne, du changement, celle dans laquelle nous vivons, est organisée, structurée, construite et fonctionne pour que demain soit différent d'aujourd'hui ; à plus forte raison différent d'hier. Nous sommes dans cette société-là.

La question n'est pas de savoir si c'est bien ou si c'est mal car c'est ainsi. Dans le premier modèle, on valorise le passé et l'on s'y conforme. Dans le second modèle, on valorise le futur et l'on s'y projette.

Pourtant comment ne pas reconnaître que chacun reste au cœur de soi déchiré, parfois, entre ces deux modèles ? Le premier a l'avantage de cultiver l'origine, les racines, la mémoire, l'héritage. Le second a l'avantage de cultiver le devenir, l'invention, la mobilité, l'inconnu. La tension que chacun doit vivre entre ces deux modèles ou ces deux tentations explique sans doute, partiellement au moins, la difficulté dans laquelle nous sommes à vivre le présent, au moment même où, collectivement nantis, nous disposons de tout ce qui nous permettrait de le vivre au mieux.

Cette tension entre un modèle du passé et un modèle du futur s'exprime exactement dans les représentations que chacun construit de la famille. De quelle famille parle-t-on en effet et ceci au-delà des différences déjà observées ? De celle d'où je viens ? Évidemment différente de celle d'où vient mon voisin. Celle que j'ai construite ? Que j'ai voulu construire ? Que j'ai déconstruite, que j'ai le sentiment d'avoir réussie, ratée ou évitée ?

Le mot famille déclenche en chacun de nous la référence à des réalités multiples, à des représentations multiformes. Et cependant, sans doute ces représentations sont-elles traversées par des invariants - réels ou fantasmés, à la limite peu importe - qui nous permettent de nous comprendre ou de croire que nous nous comprenons lorsque nous parlons de familles. Magie du langage, mais magie aussi de la « famille » qui opère, on le voit bien, dans la réalité et au-delà de la réalité.

Production manuelle et famille indivise

«La présence simultanée de générations assure la transmission des modèles culturels, développe des échanges nombreux et, plus généralement, travaille à assurer la reproduction sociale.»[1]

Sans doute ne peut-on pas écrire une histoire linéaire de l'évolution des formes familiales. En effet, certaines d'entre elles sont apparues de façon décalée dans différentes fractions du corps social ; par ailleurs, des formes dominantes se sont imposées dans la quasi-totalité de la société ; enfin, ce que l'on croit être une forme fondamentalement nouvelle à un moment donné de l'histoire a éventuellement déjà été observé ailleurs ou en d'autre temps... Quoi qu'il en soit, des formes nouvelles ou renouvelées émergent et se développent. On cherche donc quelques repères pour en comprendre le sens.

Il faut dire aussi que l'apparition de formes familiales nouvelles n'entraîne jamais la disparition pure et simple des formes précédentes : elles se succèdent et coexistent. Chacun peut donc se sentir concerné à la fois par les formes les plus récentes et par les formes les plus anciennes, et cela d'autant que les plus anciennes, pour une part au moins, se trouvent modifiées par les plus récentes, comme si elles faisaient un effort d'adaptation pour ne pas disparaître.

Pour faire vivre ces formes et cette évolution il nous paraît utile de les situer dans un contexte et d'en proposer une illustration, au risque de ne raconter qu'une partie de l'histoire. Ce contexte, c'est notamment celui de la ruralité.

---

[1] Martine SEGALEN. Ibidem.

Il nous paraît clair, en effet, qu'une des transformations majeures de notre société au cours du vingtième siècle est le passage d'une société essentiellement rurale à une société urbanisée. Tout change et tout change en même temps... Pour comprendre les transformations familiales il nous faut donc regarder, comme nous le suggère Martine SEGALEN, les modifications du contexte et en particulier l'évolution des modes de production agricole. *« On peut ainsi considérer que l'organisation du mode de production est déterminante pour les groupes domestiques agricoles dans la mesure où groupe familial et unité de production sont en étroite symbiose »*[1].

Parler de « production agricole » pour parler de l'activité du paysan de l'Ouest de la France, par exemple, au début du siècle ou même en 1950, constitue évidemment une manière d'anachronisme. Ce paysan ne fait pas de la production agricole, du moins il ne parle pas de lui ainsi : il est paysan, dans une ferme, qu'il en soit propriétaire ou non, il est lié à sa terre par un titre de propriété ou un droit d'exploitation, par l'histoire, par sa culture, par l'héritage économique et familial, par la transmission d'un patrimoine accompagné de valeurs morales, religieuses et professionnelles. Pour l'essentiel, ces dernières appartiennent d'ailleurs au patrimoine judéo-chrétien : *« Tu gagneras ton pain à la sueur de ton front »* et tu offriras à Dieu en sacrifice le *« fruit de la terre, de la vigne et du travail des hommes. »* Ou encore : *« Quand tu moissonneras ton champ et que tu auras oublié une gerbe dans le champ, tu ne retourneras point la prendre ; elle sera pour l'étranger, pour l'orphelin, pour la veuve, afin que l'Eternel, ton Dieu, te bénisse dans tout le travail de tes mains »* (Deutéronome, XXIV.)

---

[1] Martine SEGALEN. Ibidem.

Cette activité agricole est de forme artisanale, à dominante manuelle. Le paysan utilise peu d'outils, des outils simples qu'il est, à peu de choses près, capable de créer et de réparer lui-même. Il sait choisir un bois pour refaire un manche et, s'il a besoin, il demande au maréchal-ferrant[1] ou au forgeron, les prestations plus techniques qu'il n'est pas en mesure d'effectuer lui-même : forge, soudure etc.

Il s'agit très souvent d'une polyculture permettant d'assurer, avec un peu d'élevage, la vie autour d'un « feu »[2], d'un groupe familial, groupe domestique, d'autant plus étendu que pour produire il faut des bras, nombreux, et que restent donc à la ferme non seulement le « patron » (celui dont on dit volontiers qu'il est le patriarche) et son épouse, mais leurs enfants (nombreux) et leurs petits-enfants. A ce modèle de base il est toujours possible de rajouter, par exemple, le frère ou beau-frère du « patron », ses enfants, petits-enfants etc. Nous avons donc affaire à une famille indivise[3] verticalement: trois générations et horizontalement: collatéraux[4] et descendants des collatéraux.

Des bras nombreux, donc de nombreuses bouches à nourrir autour de l'unité domestique que sont le feu, le foyer, l'âtre et la table de ferme... Le travail est physique, pénible, il déforme les dos, les mains, il s'inscrit dans les corps qui

---

[1] Celui qui deviendra plus tard forgeron puis mécanicien puis garagiste puis ?

[2] C'est en « feux » que l'on comptait à l'époque la population dans les zones d'habitat rural. Il est par ailleurs intéressant, s'agissant de la famille, de souligner, avec le feu, la symbolique du « foyer » que « fonde » le couple qui se marie.

[3] Indivise : qui n'est ni divisée ni partagée. On parle aussi de famille étendue.

[4] Collatéraux : ceux qui sont placés hors de la lignée directe, par exemple, les frères, les oncles, les cousins.

portent ainsi les stigmates de leur appartenance à la terre, à la culture, à cette culture. Le statut et le rôle des femmes est particulièrement peu enviable. Corvéables à merci, leur travail « domestique » est essentiel pour la cohésion de l'édifice mais il ne fait l'objet d'aucune reconnaissance, sauf quand précisément les grossesses multiples, la maladie ou autres avatars rendent ces femmes indisponibles.

Cet univers est juridiquement soudé par le mariage: ce dernier place, en droit, l'édifice sous la férule du patriarche qui exerce à la fois la puissance maritale et la puissance paternelle. Ce n'est que le 18 février 1938 que la loi éteindra la puissance maritale ; la puissance paternelle elle, restera dans les textes jusqu'à la loi du 4 juin 1970 qui lui substituera l'autorité parentale.

Le patriarche, le *pater familias*, l'ancien, l'homme le plus vieux, a, dans cette structure, une situation et un statut évidemment privilégiés : De sa « puissance » il règne sur les « gens » : femmes, enfants, petits-enfants, domestiques... Il a la propriété ou du moins il est détenteur du droit de cultiver : fermage, métayage... Il a l'expérience, donc le savoir, la culture... il garantit et exige le respect de la tradition et la transmission des valeurs. *« Il ne faut pas croire, mais être paysan, ça s'apprend, ça ne s'apprend pas dans les livres, ça s'apprend à la maison [...] Nous on apprenait tout de nos anciens, au fur et à mesure que ça se présentait, selon les moments, et les circonstances »*[1], explique Adeline GEAUDROLET, une vieille paysanne interrogée par l'ethnologue Michel VALIERE.

---

[1] Adeline GEAUDROLET, Isabelle LAURENT et Michel VALIERE : *Amours paysannes*. Ed. Stock, Coll. Voix du pays, 1980.

35

Il a les savoir-faire et une connaissance fine du climat, du sol, de l'ensoleillement ; il sait que depuis toujours on fait ainsi.

« Ce qui se transmettait le plus souvent de père en fils, c'était l'expérience, le savoir-faire, les observations faites depuis des générations.

La connaissance du temps et les prévisions météorologiques faisaient l'objet d'une savante analyse portant sur de nombreux éléments naturels ; l'époque de l'année, la nébulosité, la direction des vents et surtout le cycle lunaire entraient en ligne de compte dans la prévision du temps des jours à venir... Ce n'étaient pas des savants, mais des hommes riches de tout un savoir transmis par les générations »[1].

Tout ceci confère au plus ancien du groupe familial un statut enviable, relativement privilégié, surtout s'il vieillit un peu, l'âge exigeant qu'on le respecte d'autant plus que l'espérance de vie n'est pas si grande... statut enviable... on ne tardera pas, du reste à le lui envier.

Que reste-t-il aujourd'hui de cette première forme ? Des cicatrices chez certains, du rêve chez d'autres, une image de la « famille » qui fonctionne comme un mythe souvent... Une famille c'est cela et si l'on est prêt à en dénoncer les travers on est souvent prêt aussi à en chanter la nostalgie.

---

[1] Henri PARSY. *Agriculteurs en sursis, l'expropriation de la plaine des quatre cantons. 1957-1987*. Lille, 1989.

Production mécanisée et famille conjugale

> *« Le mythe de la grande famille a
> essentiellement nourri un imaginaire
> collectif qui cherche dans les modèles du
> passé l'image d'un temps harmonieux
> révolu qu'il oppose à un présent agité de
> toutes sortes de difficultés »*[1].

La seconde guerre mondiale laisse de profondes traces :
très vite quelques esprits clairvoyants comprennent que pour
ne plus jamais connaître ces folies, il nous faudra faire
l'Europe.

Faire l'Europe, consistera, entre autres, à rendre les
peuples et les nations interdépendantes sur le plan
économique de sorte que la destruction de l'autre devienne
impossible sauf à se nuire à soi- même. Le charbon et l'acier
seront les premiers enjeux de cette Europe. L'industrie dans
son ensemble et l'agriculture suivront de près. Dans le même
temps, et pour permettre cela, l'évolution technologique
entraînera une mécanisation progressive, mais rapide, de la
production agricole.

Dès lors, une véritable recomposition de l'univers
paysan va pouvoir et devoir s'opérer : recomposition des
modes de production, des relations sociales, de la structure
familiale, du rapport à la terre, au territoire, à
l'administration, à l'argent, au monde... Henri PARSY,
paysan qui a connu toutes ces transformations, témoigne,
dans un ouvrage publié en 1989 :

---

[1] Martine SEGALEN. Ibidem.

37

« L'apparition des premiers tracteurs agricoles en 1947 [...] a suscité au premier abord la fierté et l'enthousiasme de quelques-uns, mais on était loin de songer à la suppression totale des chevaux de trait [...] En l'espace de 25 années, on allait pourtant connaître une période de profond changement. Il faudra plus de temps encore pour découvrir les vraies solutions d'adaptation, celles qui permettront aux agriculteurs entraînés dans ces évolutions et à leur descendance, de constituer des structures appropriées et de consolider des situations, aujourd'hui encore remises en cause... »[1]

Les outils emblématiques de la mécanisation agricole sont, bien sûr, le tracteur et la moissonneuse... mais les acheter suppose de l'argent, des sommes considérables. De l'argent ? On n'en a pas. Un bas de laine, peut-être oui, mais il faut assurer les vieux jours... la peur de manquer, le souvenir de la guerre... Non que l'on soit pauvre, on ne manque de rien mais on est riche de sa ferme et de son travail. Il faudra donc emprunter.

L'initiative publique et l'initiative privée se conjugueront pour créer les organismes de crédit qui permettront les emprunts. Se pose alors une question : qui va emprunter ? Logiquement le patriarche. Et pourtant ce n'est pas lui qui va procéder à la mécanisation, modernisation... ni aux emprunts. Il résiste : sa culture justement l'empêche de penser que demain puisse être différent d'hier, qu'un tracteur puisse faire un labour aussi beau et aussi bien que son cheval ou sa paire de bœufs. De plus, l'organisme de crédit a beau être mutuel et à vocation agricole prioritaire, il ne peut prêter qu'à ceux qui - suffisamment jeunes - auront le temps de rembourser. C'est donc le fils du patriarche qui peut

---

[1] Henri PARSY, ibidem.

emprunter, et voilà, signe des temps, que s'installe le conflit de génération. Les plus jeunes attendent que le « vieux passe la main », et le « vieux » attend, incrédule ; il veut voir où tout cela va conduire et déclare volontiers : *« Moi vivant, jamais ! Après moi ils feront ce qu'ils voudront. »*

Il faudra bien pourtant que le « vieux passe la main », ne serait-ce que pour permettre à l'emprunteur d'hypothéquer la ferme pour garantir l'emprunt.

De plus, avec le boom économique des « trente glorieuses », la société française se transforme en profondeur. Les villes offrent du travail, les jeunes couples ruraux voient se développer non loin d'eux des modèles d'habitat, de consommation, de comportements sociaux auxquels ils peuvent légitimement prétendre mais qu'ils sentent inaccessibles si rien ne change dans leur situation. La parole des femmes commence à émerger et leurs revendications d'accès à d'autres conditions de vie ne peuvent plus être contenues ou réprimées. Elles pousseront à ce passage de relais et seront actives dans ces changements de mode de vie.

Le patriarche, le plus âgé, vient de perdre son statut. Il a perdu la propriété, son savoir ne sert plus à rien (à quoi sert de savoir piquer des bœufs pour conduire un tracteur ?) sa connaissance et son expérience du sol, du climat, sont mises à mal puisque, pour faire passer le tracteur et la moissonneuse on va arracher les haies et pratiquer, avec le remembrement, une redistribution des terres cultivables. L'expérience et la culture de l'Ancien sont disqualifiées, vive la modernité, gage de croissance et de prospérité !

Pour rembourser l'emprunt, les emprunts, le fils aîné (ou quelques-uns des enfants qui, peut-être, se sont organisés en GAEC[1]) va se trouver dans l'obligation de dégager des excédents. Et la logique s'inverse : celle du paysan cultivateur laisse la place à la logique du producteur gestionnaire. La productivité assure la rentabilité qui permet la solvabilité. Il faut désormais qu'un nombre réduit de bras fasse tourner le tracteur. La décomposition - recomposition familiale est à l'œuvre et la famille indivise a vécu. Elle va se réduire dans les deux dimensions qui la composaient. Les collatéraux vont s'en aller, donnant provisoirement une famille souche : plusieurs générations mais un couple à chaque étage générationnel. Puis la dimension verticale va se déstructurer aussi : les vieux ne seront plus agrégés à cette souche et la famille va se faire conjugale ou « nucléaire. » Bien sûr les collatéraux vont quitter la terre, d'autant plus volontiers que le travail y est pénible et les revenus faibles. De plus, la ville attire, l'usine embauche, il y a du travail pour quelque temps seulement mais on croit que c'est pour longtemps. A la hâte on va construire dans des Zones à Urbaniser en Priorité (ZUP) des Habitations à Loyer Modéré (HLM) pour loger ces migrants. Ils migrent d'ailleurs, persuadés qu'ils ne resteront pas dans ce qu'ils appellent des cages à lapins... persuadés qu'ils retourneront à la campagne : le mythe du retour hante toujours les émigrés.

C'est sans doute cette immigration et ce mythe du retour qui font que, de façon massive, ils vont rester pêcheurs et chasseurs, à la fois pour garder un lien avec leurs origines, pour ne pas perdre la main et pour continuer à croire qu'ils y retourneront.

---

[1] GAEC : Groupement Agricole d'Exploitation en Commun.

Il nous faut, à ce stade de notre illustration, souligner que la famille, dans cette histoire, n'agit pas, elle est « agie » si l'on peut dire, elle subit. En effet ce sont les transformations de son environnement qui la décomposent et la recomposent de façon déterminante. Elle ne décide à aucun moment « d'abandonner ses vieux » comme on le croit souvent en culpabilisant au passage les filles ou belles-filles qui « pourraient bien s'occuper de leurs parents mais n'ont pas envie de se compliquer la vie... » Eh non ! C'est que la vie est devenue compliquée. L'évolution des modes de production agricole a sorti les jeunes et les vieux de la famille, conduisant les uns vers la ZUP et les autres, dramatiquement, vers la « maison de retraite » construite pour eux parce qu'on ne sait pas trop où les mettre. Maison de retraite où ils sont prêts à croire qu'ils finiraient leur vie heureux parce qu'enfin ils n'auraient rien à faire, parce qu'enfin ils vivraient « comme des coqs en pâte. » Ils déchanteront quand ils prendront conscience qu'ils y sont devenus pensionnés, certes, mais surtout « pensionnaires » !

Mutatis mutandis, l'évolution qui traverse la famille citadine est de même nature. L'artisanat a, lui aussi, connu la mécanisation, les groupes familiaux nécessaires à la production se sont réduits. L'entreprise s'est structurée, organisée, mécanisée. Elle a diversifié les compétences et, souvent, les produits. Pour travailler il faut bouger, se former, s'éloigner de la souche familiale. Peut-être reviendra-t-on plus tard... On espère, pour l'instant que les enfants feront des études et obtiendront par là une « bonne situation. » Ceux qui sont entrés dans la fonction publique ont trouvé une sécurité d'emploi qui leur permet de construire un cocon familial qu'ils pensent stable et durable, jusqu'à ce que, secoué lui aussi par « la crise », le cocon soit mis à mal !

Une logique industrielle... programmée, Famille décomposée

> « La symbiose entre unité de production, de résidence, de famille, de vie étant brisée, les groupes domestiques, au cours des quarante dernières années ont connu des changements rapides ; nous assistons par ailleurs à l'émergence de nouvelles formes, difficiles à nommer, compter, classer. »[1]

La transformation du monde agricole, bien sûr, ne s'arrête pas là. La mécanisation va se poursuivre, se généraliser, se perfectionner permettant ainsi d'entrer dans une production agricole véritablement industrialisée.

Intensification de la production, regroupement des surfaces cultivées, spécialisations, rationalisation, utilisation de méthodes et techniques industrielles : ce qui était culture paysanne devient un lieu d'application comme un autre des logiques industrielles. L'industrie agroalimentaire se développe, les conseillers et ingénieurs agronomes deviennent les références de l'exploitant agricole. La terre est analysée, modifiée, amendée. On irrigue et on draine, on traite, on pollue (on en prendra conscience un peu plus tard) et l'on fait comme si cela n'avait ni importance ni limite. Les décisions sont prises ailleurs, chez le fabricant d'engrais ou de pesticides ou bien à Paris, à Luxembourg, à Bruxelles. Les paysans, dépossédés de la maîtrise de leur travail deviennent finalement les exécutants de directives prises dans des sphères auxquelles ils n'ont pas accès.

---

[1] Martine SEGALEN, ibidem.

Pour maintenir ou pour contenir la production, pour la soutenir parfois, et pour gagner sa vie ou pour faire des profits, le producteur entre dans la logique des quotas, des primes, à l'arrachage ou à la plantation, à l'abattage ou à l'élevage. A la limite, il n'est plus rémunéré pour ce qu'il produit mais pour la manière dont son activité entre ou n'entre pas dans un plan centralisé dont il ne décide pas.

En tout cela la logique de production agricole rejoint évidemment la logique de production industrielle. Il est clair, dès ce moment, que la logique de l'industrie et de ses technologies structure aussi la production agricole.

Le logiciel, le programme informatique feront leur œuvre ici comme ailleurs. Dans la « société programmée » dont parle Alain TOURAINE la production agricole aussi est programmée.

« Société programmée, faut-il y voir d'ailleurs l'étape ultime de la modernité ou déjà les signes de la « démodernisation ».

Si la modernisation fut la gestion de la dualité de la production rationalisée et de la liberté intérieure du sujet humain par l'idée de société nationale, la démodernisation est définie par la rupture des liens qui unissent la liberté personnelle et l'efficacité collective »[1].

Programmée, la production agricole l'est, d'ailleurs, de deux manières qui se superposent. Depuis Bruxelles, d'abord, où la définition d'une politique agricole commune détermine ce qui sera fait ici ou là. Elle est programmée également, au sens informatique du terme, depuis l'ordinateur utilisé pour la

---

[1] Alain TOURAINE. *Pourrons-nous vivre ensemble ?* Ed. Fayard, Paris, 1997.

gestion de l'exploitation. Une nouvelle fois la culture précédente est disqualifiée : à quoi sert de « savoir tâter » un animal pour évaluer sa croissance et déterminer son devenir, dès l'instant où le jeune chef d'exploitation qui a appris son métier au lycée agricole, voire à l'I.U.T[1]., sait utiliser l'informatique ? Il entre, « tout simplement », dans l'ordinateur les différents paramètres qui permettront au logiciel, compte tenu du prix d'achat du cheptel, des frais vétérinaires, des coûts de la main-d'œuvre, du prix de la nourriture, et du cours de la viande au marché de Rungis, de dire si c'est le moment de vendre, s'il vaut mieux attendre et s'il faut vendre sur le marché français ou ailleurs. A moins que la vache ne devienne folle ou que la dioxine du poulet ne le rende impropre à la consommation.

Logique industrielle, production programmée, il n'y a plus de différence de nature entre l'activité rurale et l'activité urbaine... plus que des différences de contexte, de mise en scène. Le paysan est invité à devenir « paysagiste » : qu'adviendrait-il, en effet, des paysages si, cessant leur activité, les paysans ne les entretenaient plus ? Les questions de pollution et d'environnement se posent à la ville comme à la campagne, uniformisation, indifférenciation de l'espace. Nous regardons tous la même télévision ; les mêmes modèles culturels, idéologiques et sociaux pénètrent nos domiciles. Dès lors, l'évolution de la structure familiale que nous décrivions dans l'espace rural ne se différencie plus ni dans sa nature, ni dans son rythme, de l'évolution de la structure familiale telle que le monde urbanisé de l'industrie a pu la connaître et peut encore la connaître. Production agricole et vie familiale sont définitivement dissociées.

---

[1] I.U.T.: Institut Universitaire de Technologie.

Le monde de la campagne, comme le monde de la ville, et pour les mêmes raisons au fond, va assister à la décomposition de la famille conjugale, à son explosion, comme on dit souvent, pour exprimer, ainsi, les souffrances qui accompagnent cette « décomposition », le morcellement du lien et l'émiettement de la société en une multitude d'individus.

Des individus, la famille atomisée

« La famille n'est plus pensée comme une institution parce qu'elle est devenue une institution impensable »[1].

Impensable institution, en effet, qui se décompose presque à l'insu de ceux qui en font partie. Sans doute ce terme de décomposition familiale manque-t-il quelque peu d'élégance. Il rend bien compte, pourtant, du sentiment si souvent exprimé par nos contemporains : ils veulent nous dire qu'ils subissent, que c'est plus fort qu'eux, que «ça» leur échappe, et qu'ils sont perdus.

Pour analyser plus finement les choses, il faut alors parler de l'émergence de la famille monoparentale, qui apparaît au moment où l'on ne sait plus très bien ce que c'est qu'une famille et où l'on observe la déstructuration de plus en plus fréquente des couples. Il y a en fait, deux voies d'entrée dans la situation de famille monoparentale : le divorce, bien sûr et dans ce cas le parent unique peut être le père ou la mère (mais la pratique sociale fait que c'est le plus souvent la mère); et la non-constitution de couple puisque comme le chantait J. J. GOLDMAN il y a quelques années, « elle a fait un bébé toute seule », par choix ou non, c'est une autre histoire…

Voilà, de fait, la famille réduite à sa plus simple expression : un parent et un enfant, deux éventuellement. Pour toutes les raisons que l'on peut comprendre, bien sûr, et

---

[1] I. THERY. *Différence des sexes et différence de l'institution*. Esprit, décembre 1996, cité par J. GUILLEBAUD, La tyrannie du plaisir, Ed. du Seuil, Paris, 1998.

partager, les gouvernements et les politiques familiales reconnaîtront ces familles monoparentales comme des familles ; ils rompent ainsi avec la tradition d'opprobre jetée sur la « mère célibataire » ou pire sur la « fille mère », victime ou pécheresse, discréditée en tous cas.

Famille monoparentale, famille réduite à sa plus simple expression, à moins qu'un jour on admette qu'un célibataire constitue aussi une famille… Mais le sens commun, le Petit Larousse en témoigne, définit encore la famille comme un : « ensemble formé par le père, la mère et les enfants.» Au fur et à mesure que se défait le lien historique qui reliait les différentes personnes constituant la famille, chacun se retrouve dans une solitude inattendue qu'il avait d'abord cru être une forme de liberté. Cette décomposition progressive des relations sociales, les mécanismes économiques qui la sous-tendent, le morcellement croissant du corps social, c'est cela le mécanisme de production des individus, la transformation de la personne en individu toujours réductible à une unité statistique, élément d'une complexité dont l'agencement lui échappe et sur laquelle il n'a pas de prise.

« On imagine couramment que l'individu s'oppose à la masse, or il n'y a pas de masse sans la construction préalable d'une sérialisation, sans la déconstruction du lien social par la formation de l'individu qui est l'atome et le nom de l'ensemble d'une massification »[1].

Qu'en est-il alors de l'unité familiale ? L'émiettement dont elle est l'objet est à son comble. Peut-on encore parler même d'unité familiale ? Des individus atomisés s'agglomèrent pour former peut-être un système familial.

---

[1] Miguel BENASAYAG. *Le mythe de l'individu*. Ed. La Découverte, coll. Armillaire, Paris, 1998. P.13.

Quel est le sens de cette formation ? Quelle est la nature du lien ? Existe- t-il un lien entre des individus atomisés, encore au cœur d'un système familial et d'autres, satellisés, tournant, évoluant autour, à la marge de ce système familial, sans lien apparent ni compréhensible qui soit autre qu'une force de gravitation en vertu de la vitesse acquise et de l'habitude ? Ils sont là parce qu'ils y étaient.

Réduite à son expression la plus simple, agglomérat d'un nombre réduit d'individus, la famille pourrait même finir par disparaître, non pas par l'explosion définitive de son noyau conjugal (famille nucléaire) mais par un engloutissement sur elle-même dans le trou noir de l'individualisation et de la massification des individus. A moins que nous ne soyons capables de réinventer le lien et de retrouver ce qui peut faire famille.

« Nulle résurrection du passé ne viendra nous dispenser du devoir d'invention. Comme toutes les quêtes de nouveau, celle-ci est faite de tentatives diverses, d'espérances déçues, d'engouements passagers et même de mode. Voilà plusieurs années, par exemple, qu'on s'efforce de conceptualiser ce qui est déjà une réalité statistique massive : la famille dite recomposée, celle qui réunit dans un précaire − mais souvent joyeux − équilibre affectif un nouveau couple et des enfants de différents lits »[1].

Les structures familiales ont donc été, en quelques années, profondément et plusieurs fois modifiées. Les transformations des modes de production en ont réduit le nombre de membres. Elles ont modifié leurs attributions, leurs statuts et leurs rôles. Les plus âgés ont laissé la place

---

[1] Jean-Claude GUILLEBAUD. *La tyrannie du plaisir*. Ed. du Seuil, Paris, 1998.

qu'ils occupaient au cœur. La cohésion familiale s'est fragilisée, l'édifice est, désormais, prêt à se rompre, peut-être, à se transformer, en tous cas.

Déstructurée, réduite, atomisée même, cette famille va pourtant se maintenir, se refaire, se recomposer comme l'on dit. Les parents, divorcés, vont, vraisemblablement recomposer des couples et y faire vivre - pour combien de temps ? - leurs enfants issus des précédents mariages ou de cette nouvelle union. « Famille incertaine » écrit Louis ROUSSEL[1]. Incertitude, en effet, relative au statut, à la durée, à la nature du lien familial, à la structure de la famille.

---

[1] Louis ROUSSEL. *La famille incertaine*. Ed. Odile Jacob, Paris, 1989.

Chapitre 2

A la recherche de la famille

> « *Nous jouons des rôles dans une pièce que nous n'avons jamais lue ni jamais vue, dont nous ne connaissons pas l'intrigue, dont nous entrevoyons l'existence mais dont le début et la fin échappent, pour l'instant, à notre imagination et à notre pensée.* »

Ronald D. LAING
La politique de la famille

Indivise, conjugale, monoparentale, multiple, quels qu'en soient l'histoire et le statut, voici donc, pour un temps au moins, la famille, les familles décomposées. On attend bien sûr que cette décomposition donne lieu à quelque recomposition et le terme de famille recomposée est ainsi venu (depuis les travaux d'Irène THERY en 1987)[1] désigner ces familles ou groupes domestiques qui se forment et se reforment après le divorce de l'un ou l'autre des adultes qui les composent.

Comme on saisit toute l'instabilité potentielle de ces recompositions on parle aussi de « processus de recomposition familiale » (Didier LE GALL et Claude MARTIN – 1990)[2] laissant apparaître une dynamique, une évolution et des états provisoires, éphémères.

Dire la recomposition laisse entendre que l'on a bien saisi une rupture, une transformation. Il est nécessaire alors d'essayer de dire le sens, la logique structurante de cette recomposition. Si non on laisse penser que la famille recomposée se forme sur le modèle de celle qui s'était décomposée. Or même si, souvent nous pensons encore nos rapports familiaux avec, en tête, des représentations et des schémas de pensée qui datent de la famille indivise, nous vivons – de fait – dans des formes familiales nouvelles qu'il nous faut essayer de nommer, dont il nous faut essayer de saisir les logiques structurantes.

Qu'est-ce qu'une famille aujourd'hui ? Quelle en est la structure ? Qu'est-ce qui la cimente ? Quelle est la nature du lien familial ? Pour essayer de comprendre ce qui se passe et

---

[1] Cité par Martine SEGALEN in *Sociologie de la famille* p.53.
[2] Cité par Martine SEGALEN Ibidem.

pour saisir ce qu'est désormais « une famille », il nous faut, parce que tout change en même temps, regarder autour de la famille, analyser ce qui s'y passe et ré-interroger la réalité familiale contemporaine grâce à ce détour.

Le contexte sociétal dans lequel s'invente le modèle familial d'aujourd'hui et de demain est caractérisé par quelques phénomènes propres à cette époque et présents dans les sociétés occidentales développées, industrialisées et même « post-industrialisées. » *« Chaque société a son temps propre et son histoire ; chacune s'inscrit dans une théorie de l'histoire et s'organise autour d'une maîtrise du calendrier ; toute culture se construit autour d'un sens du temps ; tout travail de l'homme est pensé comme un temps cristallisé, comme une accélération de celui de la nature »*[1].

---

[1] Jacques ATTALI. *Histoire du temps*. Fayard, Paris, 1982.

Nous vivons une société de l'éphémère

« L'individu désaffilié de toute institution est sans attaches, c'est-à-dire sans passé. Réfugié dans l'instant[...] L'histoire telle qu'il la perçoit et la vit n'est plus autre chose qu'une succession aléatoire de présents, une addition d'instants éphémères ayant tous la même valeur. »[1]

Il y a encore trente ans, l'on valorisait le durable : on construisait une maison, une voiture, un couple même, pour durer. C'est une des ruptures fortes avec le passé et même le passé récent. La longévité signifiait la qualité. On valorise aujourd'hui l'éphémère. C'est une autre manière sans doute de parler du siècle de la vitesse, de la très grande vitesse même. C'est en effet le rapport au temps qui a changé. Cela se lit dans le calcul d'obsolescence de tous les produits que nous achetons : ils sont conçus pour ne pas durer. Le produit emblématique est, bien sûr, le « Kleenex » : disponible, à usage unique, jetable. Cela se lit dans la mode, qu'elle soit vestimentaire ou autre : ce qui compte, c'est qu'elle ne dure pas pour actionner la pompe à fabriquer le besoin. Mystification du client par le besoin auquel le produit ou le service vendu sont sensés répondre alors que le besoin a été « fabriqué » et entretenu pour constituer la filière qui permettra d'écouler le produit ou de justifier le service (Cf. J.K. GALBRAITH, *La filière inversée* in « Le nouvel état industriel », 1979.)

---

[1] Jean-Claude GUILLEBAUD. *La tyrannie du plaisir*. Ed. du Seuil, Paris, 1998. P. 387.

Pour masquer cette mystification, on saura, bien sûr, publicité aidant, persuader le client que chez Nestlé *« Le président c'est bébé »*, qu'ailleurs c'est *« Client roi »*, que le *Crédit lyonnais « vous doit des comptes »* que *Rallye est « solidaire »*, qu'avec Carrefour *« je positive »* et que Renault créant l'Automobile, c'est *« à vous d'inventer la vie qui va avec. »*

Personne n'est complètement dupe de cette mystification. Parfois, on aime y croire, parfois on est content de la déjouer, mais on entre, volontaire et contraint à la fois, dans cette spirale de la consommation qui ne peut fonctionner qu'à condition que le cycle de production / consommation s'accélère. Les objets ne doivent pas durer, le profit implique l'éphémère, et l'éphémère implique de modifier notre manière de vivre le temps et notre rapport à l'objet. L'objet consommé au prétexte ou au motif du besoin n'est en réalité qu'un « signe »[1] d'appartenance à la fraction du corps social dans laquelle je me reconnais et entends être reconnu. Ce signe devient ainsi attribut identitaire mais son obsolescence fait bien vite de cet attribut un artifice, un leurre qui, dès lors, cesse de remplir sa fonction. Il faut alors qu'un autre objet, un autre signe éphémère lui aussi, entre en scène et se substitue au précédent.

Mais le rapport au temps a changé plus fondamentalement encore. Pour mesurer le temps de manière fiable, il a fallu que l'homme passe de repères dans le temps

---

[1] Jean BEAUDRILLARD. *La société de consommation*. Gallimard, Paris, 1978, Denoël, 1970.
Marc GUILLAUME. *Eloge du désordre*. Gallimard, Paris, 1978.
Louis BASLE. *Le besoin, la dette* in « Le besoin ». Actions et Recherches Sociales. Décembre 1984.
Julien FREUND. *Remarques pour servir la réflexion sur les besoins*. Actions et Recherches Sociales. Décembre 1984.

qui lui étaient donnés par son environnement naturel, à des repères construits par lui et, grâce à cela, quantifiables, standardisés et surtout reproductibles.

En projetant le temps sur l'espace, le cadran solaire nous amène à structurer un premier type de rapport au temps. L'ombre projetée sur l'espace « tourne » en même temps que tourne la source lumineuse qu'est le soleil. Le cadran solaire permet ainsi de mesurer l'espace parcouru (participe passé) : le temps mesuré c'est le temps passé. Le temps du cadran, c'est de la surface, de l'espace, du sol, du terrain. Dès lors, le temps a de l'épaisseur, de la valeur. Le temps, c'est de l'argent et de la puissance, du pouvoir : celui de mesurer le temps, pouvoir de dire le temps, de rythmer la vie et de disposer ainsi du temps de ses contemporains.

Si le temps a de la valeur, on imagine que celui accumulé par le vieillard en a aussi. L'âge est valorisé, d'autant plus qu'il est rare que l'on vieillisse longtemps.

La symbolique de la clepsydre[1] nous introduit à d'autres dimensions de notre rapport au temps. Le temps de la clepsydre, en effet, « s'écoule », insaisissable. Fondamentalement, on continue à mesurer le temps passé, écoulé, mais on y ajoute d'autres dimensions : de même que l'on ne saurait contenir l'eau, on ne saurait contenir, retenir, arrêter le temps. On n'arrête pas le temps, la vie s'en va parce que l'eau s'en va. Et quand bien même on essaie de l'observer, s'écoulant, « on ne voit pas le temps passer. »

Si parfois « le temps me dure » c'est que j'ai quelque chose en moi qui me le fait « paraître bien long » mais je sais

---

[1] Sorte d'horloge mesurant le temps par l'écoulement d'une certaine quantité d'eau dans un récipient gradué (origine égyptienne).

que « le temps passe si vite » puisque nous sommes dans le tourbillon de l'onde et de la vie.

« Le temps s'en va, le temps s'en va, ma dame ;
Las! Le temps, non, mais nous nous en allons... »
P. De RONSARD. (Amours de Marie.)

Premier instrument manipulable, la clepsydre laissera finalement la place au sablier. Le principe est le même : un fluide s'écoule, le temps est un fluide ou quasi-fluide, le sable qui vous glisse entre les doigts, insaisissable toujours.

On restera sur cette logique de structuration du rapport au temps jusqu'à ce que la technologie et le génie de l'homme permettent d'en revenir au cadran, au temps projeté sur l'espace avec, non plus l'ombre projetée du soleil, mais une aiguille, animée par quelques mécanismes qui ne cesseront d'ailleurs de se perfectionner. Qu'il s'agisse de la forme du cadran, du nombre des aiguilles ou de l'énergie qui les fait tourner, la mécanique horlogère ne cessera de se préciser. Mais ce temps mesuré reste du temps passé, projeté sur l'espace du cadran pour que nous puissions nous le représenter.

Il est d'ailleurs intéressant d'observer que l'enfant qui se développe, structure au même moment le temps et l'espace, qu'il s'oriente dans l'un et dans l'autre dès l'instant où sa maturation neurologique, intellectuelle et psychoaffective le lui permet. Intéressant d'observer aussi qu'à l'autre bout de la vie, le temps et l'espace se déstructurent en même temps chez les vieillards dont on dit qu'ils présentent des manifestations de désorientation temporo-spatiale. *« Omnes vulnerant, ultima necat »*[1], écrivait-on autrefois sur les cadrans pour rappeler aux mortels que si le temps semble ne s'arrêter jamais, la vie ici bas, elle, nous est comptée.

Ce n'est pas par hasard sans doute, si au moment de franchir le seuil du troisième millénaire, Paris, comme pour s'accrocher encore une fois à l'ère qui semble se terminer, a réalisé le plus grand cadran solaire de tous les temps, Place de la Concorde. L'ombre projetée sur le $21^{\text{ème}}$ siècle est celle de l'obélisque, condensé d'histoire de l'Egypte à nos jours, ombre impérialement phallique de Napoléon soi-même, ultime et vaine tentative d'imposer le temps au monde.

Mais quoi que l'on fasse place de la Concorde, parce que le temps c'est de l'espace, au moment même où l'on mesure les distances par le temps nécessaire pour les couvrir (Paris à 2 h d'avion de Rome, de la Bosnie ou du Kosovo), on ne mesure plus le temps avec un cadran. D'ailleurs on ne mesure plus le temps passé. C'est l'affichage numérique qui désormais, nous dit l'instant. Ne projetant plus le temps sur l'espace, ce n'est plus le passé que l'on mesure, c'est l'instant que l'on dit, à peine arrêté une fraction de seconde sur le cadran à affichage numérique. C'est la négation du délai, le temps de l'immédiateté, temps réel, dit-on, comme si le temps vécu sur les autres modes n'était pas réel et ne l'avait pas été.

Temps réel c'est-à-dire réduction du temps à l'instant, négation de la durée, du temps, et négation de l'espace sur lequel il ne se projette plus. La vitesse accélérait le temps.

---

[1] *« Omnes vulnerant, ultima necat »* : « Toutes (les heures) blessent, la dernière tue. »

La très grande vitesse réduit le temps et l'espace, la vitesse supersonique détruit le temps et l'espace, je peux partir aujourd'hui et arriver hier.

Mais, paradoxe s'il en est, au moment où l'obélisque, impérialement, mesure le passé, la Tour Eiffel et Beaubourg nous disent le futur et affichent fièrement les premières machines à remonter le temps. Pas celles qui nous renverraient au Moyen-Age bien sûr : les vraies, celles qui consistent à mesurer le futur, à dire le temps qui n'existe pas encore, celui qui, nous sépare de l'an 2000 ! Ou de quelque événement à venir : l'Euro, les Jeux Olympiques, l'élargissement de L'Europe, l'adoption de sa constitution... Valorisation du futur : les futurologues nous décrivent déjà le siècle à venir et le Futuroscope tente de nous en montrer la technologie ou de nous la faire imaginer au moment même où chacun de nous gère le futur avec des agendas et autres outils plus ou moins informatisés pour « maîtriser » le temps à venir. Mais si futuriste que soit la technologie, elle n'est que la technologie du présent, donc déjà du passé.

Au temps du temps projeté sur l'espace, l'âge avait de la valeur. Au temps du « temps instant », l'âge n'est plus qu'un chiffre, un numéro, il n'est plus ni enviable ni à redouter. D'ailleurs qu'est-ce qu'être vieux lorsque l'on vit en temps réel, dans la négation de la durée ? Il faut vivre vite semble-t-il. Et déjà, on ne sait plus à quel âge il faut partir en retraite, comme si l'âge n'était plus le critère de référence. On lui substitue un nombre d'années de cotisations. Et puis, c'est bien connu, « on a l'âge de ses artères » sous-entendu l'âge n'a rien à voir avec la vieillesse. D'ailleurs il y a « des jeunes vieux et des vieux jeunes. » Comprenne qui pourra ! C'est clair, l'âge n'a plus de sens, il n'est plus un critère.

Normal, c'est le futur que l'on mesure alors que l'âge, est le résultat du rapport au temps passé. Mais lorsque l'espérance de vie tend à augmenter dans les proportions où elle augmente aujourd'hui, l'âge devient peut-être le résultat du rapport au temps qu'il nous reste à vivre.

Le rapport au temps a changé et nous vivons cette société de l'éphémère avec ses corollaires : le jetable et le recyclable ; tout s'achète, se consomme, s'utilise, se jette... et se recycle. A la fois pour ne pas polluer plus que supportable un environnement saturé, parce que les ressources de cet environnement pour fabriquer toujours plus sont limitées et parce que, du coup, on est capable d'inventer de la valeur à ce qui, par définition, n'en avait pas : le déchet, valorisé, trié, sélectionné, récupéré. Les déchets sont à vendre, s'achètent, s'échangent. Les démarches écologiques répondent alors à l'urgence et malgré leurs efforts pour se démarquer de cette société folle, elles en découlent et participent à leur manière à la société de l'éphémère, du jetable, du récupérable.

Nous vivons une société de l'allégé

> *« Si la science est parfois prudente, la techno science ne l'est pas. Cette « nouveauté » devrait réveiller les philosophes [...] Il est urgent de revenir sur terre. »*[1]

Pour moins polluer, pour profiter d'un engouement du marché, pour renouveler la gamme de produits, pour que ça se jette bien et que ça se recycle plus facilement, on va dès lors tenter d'alléger le produit. De plus, le mythe du retour à la nature, toujours à l'œuvre et d'autant plus nécessaire qu'on s'éloigne toujours plus de cette mythique nature, ce mythe nous conduit à penser qu'en revenant autant que faire se peut à la consommation de produits simples, la santé individuelle et collective s'en trouvera améliorée.

La diététique, dans le même temps, nous propose des modèles alimentaires qui sont censés nous protéger d'excès de cholestérol, d'excès de sucre, d'excès en tous genres, tout est allégé, tout est *« light »*: le sucre sans sucre, le lait sans crème, la crème sans matière grasse, le beurre sans graisse ni crème, le porc dégraissé, le shampooing sans colorant, le produit vaisselle parfumé au parfum naturel de pamplemousse sans colorant ni phosphate, la lessive a abandonné ses enzymes pourtant gloutons, et maintenant qu'elle ne comporte plus de phosphates elle prétend protéger l'environnement alors qu'au mieux elle le respecte ou l'abîme un peu moins qu'avant. Mystification par le besoin... car tout s'allège, même le superflu, pour s'imposer davantage : le chewing-gum et le Coca-Cola sont *« light »*

---

[1] Jean-Claude GUILLEBAUD. Le principe d'humanité. Ed. du Seuil. Paris, 2001. P. 92.

mais il n'est pas, apparemment, question d'arrêter d'en mâcher ou d'en boire. Pourtant les prix, eux, ne sont pas allégés… A croire qu'on ne payait pas dans le passé les phosphates, les enzymes, le sucre des confitures, la graisse, les colorants, les conservateurs ou les édulcorants. A croire plutôt qu'après avoir payé pour les inclure, on paie maintenant pour les enlever.

Le produit emblématique de cette société là, c'est sans doute le café décaféiné. Alphonse ALLAIS nous définissait le café comme étant une « *boisson qui favorise le sommeil à condition de s'abstenir d'en consommer.* » Même cette définition est dépassée : il n'y a plus de café dans le café. Une chose est possible et son contraire. Reste à tenter d'obtenir le beurre, l'argent du beurre et le sourire de la crémière.

Société du café décaféiné ! On peut même considérer cela comme un progrès et pour une part cela en est un… et bien agréable en vérité. Mais dès lors comment distinguer le vrai du faux ? Les exemples sont multiples ces derniers temps de situations où l'on ne peut plus dissocier le vrai du faux. On s'est scandalisé ou l'on a ri du vrai-faux passeport délivré dans l'affaire du Carrefour du développement. Un célèbre dirigeant de club de football nous a ensuite expliqué qu'il avait, devant le tribunal, fait un vrai-faux mensonge. Les guignols de l'info font dire à un champion cycliste qu'il s'est « *dopé à l'insu de son plein gré* » et telle chaîne de télévision nous diffuse son « *vrai-faux journal.* » On pourrait poursuivre la liste des exemples qui nous montrent, signe des temps, que l'on ne sait plus ou que l'on ne veut ni ne peut plus, distinguer le vrai du faux.

Plus grave, cette société a sa maladie si l'on peut dire. Une maladie qui lui va bien : une vraie-fausse maladie : le SIDA qui tue mais dont on ne meurt pas. Vraie-fausse maladie puisque le séropositif n'est pas encore malade, à tel point qu'au début de l'épidémie, on a parlé de « porteur sain », c'est-à-dire de « malade pas malade », et l'on a abandonné cette expression à cause de la confusion qu'elle risquait d'induire. Séropositivité, puis la maladie se développe, les défenses immunitaires disparaissent et le malade mourra des « maladies opportunistes » qu'il va développer à cause du SIDA maladie qui tue… mais dont on ne meurt pas… qui fait mourir d'autre chose.

Société de l'allégé, du light, même la guerre est désormais allégée, aérienne, les bombardiers sont invisibles, « furtifs » et procèdent à des frappes « chirurgicales », propres, nettes et sans bavures… ou presque, puisque les bavures deviennent depuis la guerre du Golfe des « dégâts collatéraux » ce qui paraît bien sûr beaucoup moins grave que de faire des victimes civiles.

Cette société de l'allégé se présente pourtant de façon souvent méconnaissable, puisqu'après avoir retiré du produit alimentaire l'essentiel de ce qui le constituait, comme pour calmer « la peur du vide »[1] dans laquelle ce retrait pourrait nous plonger, voici qu'on injecte dans le même produit les particules impalpables mais enviables qui vont venir « enrichir » le produit. Il est alors enrichi en sels minéraux, en oligo-éléments, en vitamines, autant de constituants dont, excepté les spécialistes, personne ne peut avoir aucune représentation.

---

[1] Olivier MONGIN. *La peur du vide*. Ed. Seuil, Coll. La couleur des idées, Paris, 1991.

Le produit s'allège et le consommateur grossit, s'alourdit. Paradoxe que cette société où les obèses consomment de plus en plus de produits allégés : les menus-minceur aussi sont bons à vendre. Le produit allégé-enrichi est évidemment proche du produit de dopage car la société qui valorise l'éphémère valorise aussi la performance. Société de la réussite, valorisation des gagneurs contre les perdants, gloire aux tueurs, aux « winners » et honte aux perdants, aux « loosers ». Pas de place pour le doute, ni pour le handicap, ni pour la fragilité. Société de la performance, hantise de la panne, société du Viagra, quand ça n'est pas possible c'est possible quand même, Priape[1] est roi, *« Saint-Eloi n'est pas mort car il b... encore ! »* Mais Saint-Eloi et Priape ont besoin de Viagra... Société de la performance, idéal de la sexualité qui se résume à l'enchaînement mécanique : excitation, érection, pénétration, éjaculation... Alors, heureuse ?

Peur de la panne, peur de l'échec, peur de la peur... d'avoir peur. Le vide laissé par l'allègement se comble de la peur de vivre et de mourir. La DHEA[2] viendra sans tarder assurer à chacun sinon l'immortalité qu'Aurore[3] (La déesse de l'aube) avait demandée à Zeus pour son époux Thiton, du moins la longévité qui permettra, croit-on, de calmer la peur.

---

[1] Priape : fils de Dionysos et d'Aphrodite, doté d'un sexe énorme, toujours en érection, il était, chez les grecs, le Dieu de la fécondité et de la virilité physique.

[2] DHEA, il faudrait dire : Sulfate de DHEA (la déhydroépiandrestérone), molécule naturellement présente dans l'organisme dont la production se réduit au fil du temps. On imagine que le maintien d'un certain taux de DHEA lutterait efficacement contre les effets de l'âge.

[3] Edith HAMILTON. *La mythologie*. Marabout, Paris, 1978.
Françoise FRONTISI-DUCROUX. *L'ABCédaire de la mythologie grecque et romaine*. Flammarion, 1999.

Aurore avait oublié de demander à Zeus avec l'immortalité, l'éternelle jeunesse : il se pourrait bien que nos contemporains demandent à la médecine l'éternelle jeunesse pour ne pas avoir à se poser la question de l'éternité.

Société de l'allégé, du light jusqu'à la transparence, jusqu'à l'évanescence, jusqu'à l'irréalité, jusqu'au virtuel.

Nous vivons une société du virtuel

« La niche familiale se renforce en vue d'observer à distance les violences du monde extérieur qui tient lieu d'histoire. On y regarde le monde de loin… A l'abri d'un petit écran qui bout à force de brûler jour et nuit en diffusant en direct la réalité du monde. »[1]

Nous ne vivons pas seulement une société de l'image dans laquelle on peut reconnaître une représentation de la réalité, mais bien une société du virtuel, de la « réalité virtuelle », celle que nous propose l'image de synthèse, représentation de ce qui n'existe pas ou qui n'existe plus, création d'un monde, d'un univers virtuel, nouvelle dimension dans laquelle nous apprenons, certains plus vite que d'autres, à évoluer. Au-delà du réel, ce monde du virtuel nous offre un univers où le temps et l'espace sont déniés. Ils ne le sont pas seulement parce qu'ils seraient très vite franchis, mais parce que l'instantanéité, le temps réel, est une négation de la dimension temporelle et du même coup, une négation de l'espace. Le temps et l'espace se confondent, en effet, dès lors qu'au lieu de projeter l'un sur l'autre pour calculer le nécessaire déplacement, je dispose des outils de l'ubiquité. Je suis là et ailleurs, peu importe, partout, nulle part. « Allô !… C'est moi… Tu m'appelles d'où ? De mon portable… » de partout, de nulle part. Le portable, l'absence de lieu, devient la référence du lieu. Le téléphone portable est sans doute l'outil le plus visible, pour l'instant, de cette déréalisation du temps et de l'espace. L'outil informatique, l'ordinateur, est lui-même portable.

---

[1] Olivier MONGIN. Ibidem. P.132.

On assiste d'ailleurs, évidemment, à une fusion progressive des deux outils, le téléphone et l'ordinateur portables se confondant en un seul objet, « objet nomade » explique Jacques ATTALI : « *Objets portables permettant au nomade de rester connecté. Tout ce qui permet, d'une façon ou d'une autre, de rester en vie et mobile, c'est-à-dire d'être branché, vivant, non exclu...*»[1].

La puissance du virtuel et la déréalisation qu'il nous propose sont telles que nous ne nous rendons déjà plus compte que nous y sommes impliqués. Nous avions jusqu'ici une adresse, dans le réel. C'est là que l'on pouvait venir nous voir. Cette adresse, inscription d'un individu dans l'espace, avait une fonction identitaire forte. Elle signifiait que, provisoirement au moins, je vivais ici, je m'inscrivais à cet endroit précis au cœur d'une ville, d'une province, d'un village, d'un pays, où je pouvais trouver un ancrage, développer un enracinement géographique, historique, culturel. Cette adresse était inscription dans l'espace, dans le réel.

Avec le développement des échanges épistolaires, l'adresse est devenue « postale » parce qu'il était essentiel de pouvoir recevoir du courrier. Le téléphone a encore fait évoluer l'adresse, elle est devenue téléphonique pour pouvoir « être joint » à tout moment. Il fallait un point fixe pour que les flux d'information et de communication puissent m'atteindre[2].

---

[1] Jacques ATTALI. *Dictionnaire du XXIème siècle*. Fayard, Paris, 1998.

[2] Cf. Paul BLANQUART. *Une histoire de la ville*. Ed. La Découverte, Coll. Essais, Paris, 1997.

Quand le téléphone se fait portable, l'adresse n'a plus d'importance, elle se déplace. Du coup, l'adresse postale se transforme aussi en adresse virtuelle, électronique, où l'on reçoit partout où l'on peut se connecter, son courrier électronique, son E.mail. On ne demande plus à l'autre où il habite mais quel est son E.mail.

Il faut donc pouvoir se connecter au réseau mondial qu'est Internet et grâce auquel nous pouvons communiquer. Les internautes que nous sommes tous plus ou moins devenus ou que nous allons devenir ne voyagent pas : ils surfent, ils glissent - immobiles - sur une toile invisible virtuellement réelle, et vont, non pas de lieu en lieu ou de ville en ville, mais de site en site. Nouveaux nomades évoluant dans un espace illimité de vingt centimètres de côté, aux dimensions de l'écran, mais contenant le monde, l'espace, le temps...

La technologie qui supporte tout cela, c'est évidemment l'informatique, grâce à laquelle on n'entre plus en relation mais en communication, on échange des informations, « marchandises-informations » qui se déplacent sur des autoroutes virtuelles, en temps réel, que l'on charge et que l'on télé-charge, que l'on échange, que l'on achète, que l'on paie avec de l'argent virtuel. Bref, univers du virtuel, travail virtuel, rencontres virtuelles, partenaires virtuels, échanges virtuels, culture du virtuel.

A chaque maille du gigantesque filet interactif qu'est l'Internet, l'un de nous établit son « site » et s'interconnecte pour ne pas risquer d'être exclu du « web », nouveau « tissu » social, toile invisible enveloppante, froide, nouveau lien d'une socialité qui s'invente, virtuelle elle aussi, et qui se tisse en réseau. Tout se pense en réseau et dès lors qu'un réseau est constitué, il suffira de nommer « une tête de réseau », un coordinateur qui aura pour fonction de faire travailler le réseau. Les réseaux de coordination gérontologique s'inscrivent exactement dans cette logique.

Technologie du réseau, modèle du réseau... partout à l'œuvre, presque invisibles souvent, et d'autant plus efficaces qu'ils se font plus discrets. Le filet d'Internet sera-t-il filet protecteur et salvateur ? Sera-t-il au contraire nasse, piège dans lequel tous ensemble nous irons nous faire prendre ?

Le modèle du réseau est partout présent, au cœur de nos univers intimes, logement, habitat, vie familiale et par conséquent, s'impose progressivement pour penser aussi cet univers de l'intime.

Une famille éphémère

« Chacun appartiendra successivement à plusieurs foyers et les enfants auront ainsi plusieurs pères, plusieurs mères à la fois. Réciproquement, chaque famille sera pour chacun un foyer parmi plusieurs... On ne se contentera plus de familles successives ; on les voudra simultanées. »[1].

Indivise, conjugale ou nucléaire, décomposée puis recomposée, la famille a revêtu et revêt des formes multiples qui se chevauchent et se succèdent, se contredisent et se complètent, coexistent. On imagine dès lors des formes hybrides, un peu ceci, un peu cela, dans lesquelles on reconnaît nos familles, chacun la sienne ou chacun les siennes, celle d'où il vient, celle dont il fait partie, celle vers laquelle, peut-être, il va.

Les derniers avatars de l'évolution des structures familiales lui ont donné - en apparence au moins - une forme réduite, monoparentale, dit-on, presque vidée de sa substance, décomposée, recomposable. Qu'est-ce donc qu'une famille aujourd'hui ? Sur quel modèle est-elle en train de se composer ? Comment les différents paramètres qui caractérisent la société dans son ensemble jouent-ils pour définir de nouvelles formes de structures familiales ? L'éphémère, l'allégé, le virtuel viennent, en effet, définir un nouveau modèle familial dont on ne peut plus se contenter de dire simplement qu'il est en recomposition mais dont il nous faut tenter de cerner la logique de recomposition.

---

[1] Jacques ATTALI. Dictionnaire du vingt-et-unième siècle. Ed. Fayard. Paris, 1998. P. 133.

71

Nous vivons dans une société de l'éphémère et la famille se caractérise par cette dimension éphémère. Il nous faut bien observer qu'elle n'est plus pensée pour durer et qu'en tous cas, dans un nombre très élevé de situations elle ne dure pas, du moins ne dure-t-elle pas sur le modèle de référence où elle a été fondée.

Ainsi, « *Le nombre des divorces en progression lente et régulière depuis 1966, s'est accéléré depuis l'application de la loi de 1975 [...] Les couples mariés récemment ont plus divorcé que leurs aînés et les couples plus anciens ont profité des facilités de la loi [...] Le maintien d'un fort taux [...] relève maintenant de la nouvelle philosophie de l'union* »[1].

« *Nouvelle philosophie de l'union* », dit Martine SEGALEN, c'est bien de cela qu'il s'agit, d'une nouvelle manière de penser la conjugalité, le couple, voire le mariage ; nouvelle manière qui intègre l'idée - souvent tacite mais présente - que l'union peut ne pas durer, voire qu'il est inimaginable qu'elle dure toujours, et que l'on sait bien, même si ce n'est pas agréable à envisager, que l'union se terminera par une séparation. Le mariage serait en quelque sorte devenu la première cause de divorce[2].

« *Les engagements à vie, "jusqu'à ce que la mort nous sépare" deviennent plus rares ou se transforment en contrats plus réducteurs et d'une faible durée* » observe Henri MADELIN[3]. Qui poursuit : « *Ils tiennent tant que dure la*

---

[1] Martine SEGALEN. Ibidem.
[2] Au cours du 20ème siècle, le nombre de mariages (hormis les pics d'après-guerre) reste stable autour de 300 000 par an. En revanche le nombre de divorces décuple pour représenter actuellement plus d'un tiers des ménages. Pour 1999 : 310 000 mariages pour 120 000 divorces.
[3] Henri MADELIN. La croix. 2 février 2000.

72

satisfaction. Ils sont temporaires par définition et par intention [...] La précarité l'emporte sur le stable, l'éphémère prend le pas sur le durable. » Tout se passe, au fond, comme si les relations, assimilées à quelque produit de consommation pouvaient être investies puis jetées, recyclées peut-être. Le « jusqu'à ce que la mort nous sépare » devient un rêve, une utopie romantique, inaccessible, impensable, impensée.

Mais la famille ne se réduit pas au couple qui la fonde, elle s'étend à bien d'autres membres, enfants, cousins, frères et sœurs, oncles et tantes, grands-parents. Le caractère éphémère s'applique aussi aux relations qui se tissent avec ces membres et entre ces membres. La séparation, le divorce, ne détruisent pas que les relations de couple, ils mettent un point d'arrêt à un nombre considérable de relations à l'intérieur de la constellation familiale. Ainsi, tel enfant ne verra plus les grands-parents paternels, ses oncles maternels, les demi-frères avec qui il a été partiellement élevé, etc. Pourtant, et c'est contradictoire apparemment avec ce qui précède, certains liens seront préservés, dureront, avec ou sans l'accord du couple qui s'est séparé. Des liens attendus, espérés, prévisibles et d'autres moins. Comme si le caractère éphémère du lien familial se transformait en caractère aléatoire. Quelle est donc la logique structurante de ces nouvelles formes familiales ? Quelle est donc cette logique qui se présente d'abord comme une absence de logique ?

Une famille allégée

> *A propos des obligations morales de la parenté : « Ces obligations constituent désormais un cadre souple [...] intériorisé par chacun au point d'apparaître comme le pur résultat des choix et des inclinaisons. »[1]*

Nous vivons dans une société de l'allégé. La famille, à son tour, va connaître et connaît une version « light ». A l'évidence, elle est d'abord allégée dans le nombre de ceux qui la constituent, du moins si l'on compare l'unité de vie quotidienne d'aujourd'hui à ce qu'elle a été 30 ou 50 ans plus tôt. La famille conjugale au sens strict, se resserre sur un couple et ses enfants peu nombreux. Réduite à son noyau, cette famille nucléaire se juxtapose éventuellement à d'autres familles nucléaires qui, chacune, se resserrent sur leur noyau.

Dès lors, les relations entre cousins survivent rarement au deuxième degré et s'estompent souvent dès le premier. Les relations avunculaires (oncle-neveu) sont de plus en plus épisodiques. Tout contribue à cela : l'indisponibilité des uns et des autres pour organiser des rencontres familiales étendues, le coût élevé d'un grand repas de famille quand il faut nourrir 30 personnes en achetant toute la nourriture, le type d'habitat, proportionné à la famille nucléaire et qui ne permet plus la réunion extensive de la famille, etc.

Les rituels qui scandaient récemment encore la vie de la famille élargie disparaissent ou finissent par disparaître : baptêmes, communions, mariages même. Que dire des enterrements dans une société qui ne s'arrête plus ni pour

---

[1] Claudine ATTIAS-DONFUT, Nicole LAPIERRE , Martine SEGALEN. *Le nouvel esprit de famille.* Ed. O. Jacob, Paris, 2002. P.62.

accompagner le mort, ni pour accompagner le deuil ? A travers tout cela le lien familial tel qu'on le connaissait se délite, il devient ténu, fragile, allégé. La rupture possible, redoutée, attendue, le caractérise.

Cet allégement du lien familial, de l'engagement familial, s'accompagne aussi - et ce n'est peut-être pas marginal - d'un allégement possible du lien juridique constituant. Jusqu'à une époque très récente (1999), le seul lien juridique de référence était le mariage avec plusieurs types de contrat de mariage, mais les liens du mariage unissaient ceux qui voulaient s'unir. Certains refusaient le mariage et devenaient des partisans de la liberté dans l'union libre, d'autres négligeaient simplement tout cela. Une nouvelle voie est ouverte depuis la création du PACS : le Pacte Civil de Solidarité créé par la loi du 15 novembre 1999[1] Le PACS apparaît, en effet, comme l'outil juridique qui manquait à ces nouvelles formes familiales : la possibilité pour deux personnes de passer contrat dans un engagement révocable par décision des contractants. L'engagement du mariage, lui, ne pouvant se rompre par seule décision des époux, il faut pour divorcer, même si on l'oublie souvent, demander l'autorisation au juge... Le PACS, plus simple, plus réversible, moins engageant, fait ici figure de mariage allégé, dans une société qui valorise l'éphémère et le light[2].

On comprend bien que ceux qui se sont mobilisés pour faire aboutir le PACS aient tout fait pour éviter de le présenter comme un pseudo-mariage, et à plus forte raison comme une parodie de mariage ou même un mariage allégé. Il est intéressant pourtant, dans les mois qui ont suivi la

---

[1] Loi n°99944 du 15.11.99 relative au PACS.
[2] L'express du 17.09.98 publiant, à propos du PACS sous la plume de Jacqueline REMY un article intitulé : *Le mariage ultra-light.*

création et la mise en œuvre du PACS, d'observer la manière dont les nouveaux « pacsés » font part de l'événement.

« Libération » a été le premier journal quotidien à publier ces annonces, dès le 6 décembre 1999[1] et « le Monde » a fait de même quelques jours après (10 décembre 1999). La similitude avec le faire-part de mariage est flagrante, la mise en scène sociale diffère à peine : quand les « pacsés » n'annoncent pas eux-mêmes leur union, leurs amis remplacent la famille et tous rivalisent d'originalité pour trouver la formule qui convient : solennelle, humoristique, dérisoire ou parodique[2]. Certains citent Milan Kundera: « Les hommes sont esclaves des normes, il faut oser être soi-même. » D'autres rappellent leur militantisme et parlent de « longues années de lutte chez les Verts et au P.S. », ils expriment leur « gratitude aux responsables politiques et associatifs… » Bref, les « pacsés » sont ainsi « unis par les liens du pacte civil de solidarité »[3].

Comment ne pas le noter ? Le PACS constitue aussi pour les homosexuels qui souhaitent vivre en couple la possibilité de trouver un statut juridique qui leur manquait. La question de savoir si le PACS constitue ou non une sorte de mariage pour les homosexuels, si on la pose en perspective par rapport à l'évolution des structures familiales, n'est plus une question.

A terme, dans peu de temps sans doute, la nature de la sexualité des personnes (homosexualité, hétérosexualité) ne

---

[1] Voir aussi « Libération » du 12 octobre 1999 : *PACS pratique*.
[2] Le Monde « Carnet » 24 décembre 1999 : « *PACS hominibus bonae voluntatis.* »
[3] L'Express du 13.01.00. Article de Marion FESTRAETS. *La presse et les faire-part du PACS.*

constituera tout simplement plus un critère pour faire ou non famille. La technologie médicale accompagnera cette évolution et donnera des enfants à ceux qui ne peuvent en avoir naturellement, quelles que soient les raisons pour lesquelles les couples - et non les personnes - seront stériles. Ces évolutions nous contraindront, qu'on les souhaite ou qu'on les redoute, à nous interroger sur la nature, l'essence du lien familial, sur la nature, l'essence du lien de parentalité, de filiation, de paternité et de maternité, de grand-paternité et de grand-maternité.

Modèle du réseau, famille virtuelle

« La fin de la « famille morale » et le succès de la « famille relationnelle » dévalorisent certains critères de jugement classiques (en France, le mariage, par exemple) tout en valorisant de nouveaux critères, tout aussi contraignants, comme celui de la communication entre les générations. »[1]

Qu'est-ce donc qu'une famille aujourd'hui ? Indivise, conjugale, monoparentale, décomposée, recomposée, elle a revêtu et revêt des formes multiples qui se succèdent ou coexistent. Mais quelle est, au-delà de l'éphémère et de l'allégement qui la caractérisent, la nouvelle logique structurante ? Comment se définissent, au fond, les nouveaux liens familiaux ? Qu'est-ce qui fait famille aujourd'hui ?

Il se pourrait bien qu'une troisième caractéristique devienne déterminante : nous sommes entrés dans une société du virtuel. La famille est en passe de devenir virtuelle, structurée de l'intérieur par le modèle du réseau, modèle technologique et modèle de communication.

« Les réseaux sont la forme d'organisation de l'âge de l'information [...] il s'agit pour chacun de nous de nouvelles manières de penser, d'agir, de vivre [...] Les réseaux sont là, il faut les accepter » et inventer le nouveau "contrat social" adapté »*, explique le sociologue Manuel CASTELLS[2].

---

[1] François de SINGLY. *Le soi, le couple et la famille.* Ed. Nathan. P. 120. Paris. 2000.

[2] Entretien au journal Libération du 12 juin 1998 : Vers un nouveau contrat social. Manuel CASTELLS. L'ère de l'information, tome 1, *La société en réseau.* Fayard, 1998.

« Nouvelles manières de penser, d'agir, de vivre... »
C'est-à-dire nouvelles manières de penser la famille, d'y évoluer, d'y grandir, d'y éduquer, d'y vieillir, d'y mourir, d'y vivre.

On se souvient que dans la famille indivise, le pilier constitutif, le socle, le cœur, (on le nommera de différentes manières) est le couple du patriarche lui-même, le plus ancien, l'ancêtre. C'est autour de lui que se noue l'unité familiale. Il a passé la main, il a perdu la puissance, la famille est devenue conjugale, c'est le père qui est investi de l'autorité. Le père, puis le couple constituent le socle familial.

Quand la famille se fait monoparentale, quelle différence y a-t-il entre un célibataire et une famille ? L'enfant. Le glissement, en effet, ne s'est pas arrêté. On s'en réjouira ou on le déplorera mais dans la famille d'aujourd'hui ou de demain, celle qui advient sans doute, le socle, bien que cela puisse paraître paradoxal ou absurde, est devenu l'enfant lui-même. Le socle, on pourrait dire le centre, le cœur, un cœur possible. C'est, en effet, une des caractéristiques du réseau : chacun a la possibilité de se situer au cœur du réseau pour en activer les composantes et faire jouer les multiples interconnexions, quitte à s'en retirer ensuite en se plaçant « en veille », à la périphérie du réseau qui continue à s'activer sans lui.

Dans la famille en réseau, l'enfant est placé et se place au cœur. Autour de lui s'organise une constellation complexe dans laquelle il « choisit » de nouer des relations avec tel ou tel pôle, tel ou tel membre du réseau. Dessiner un réseau n'est possible, en fait, que par image de synthèse précisément parce qu'il faut l'imager, l'imaginer en dimensions multiples. On ne peut donc dessiner que quelques structures basiques de ce réseau. Il faudrait, pour rendre compte correctement de la réalité, réaliser un schéma qui puisse superposer plusieurs plans et placer successivement chacun des membres du réseau au milieu de la toile. Le schéma qui suit, pages 82 et 83, ne présente donc que quelques parties très restreintes du réseau tissé autour d'un enfant : Paul qui, bien sûr, n'a pas choisi de se retrouver à cette place et tente de s'y situer :

- Paul (1) est né du mariage entre son père et sa mère[1]. Plusieurs autres hypothèses étaient envisageables ; nous avons retenu celle-ci mais ses parents auraient pu ne pas être mariés, être déjà divorcés, sa mère aurait pu « faire un bébé toute seule », etc.

- Paul a une seule sœur (2), par hypothèse également, mais c'est crédible, un couple, deux enfants : la famille conjugale, nucléaire quasi-idéale.

- Les parents de Paul divorcent : situation désormais banale. On ne dira rien ici des raisons qui les conduisent au divorce. On soulignera la souffrance pour les uns et les autres, la culpabilité aussi, qui expliquera de nombreuses réactions : culpabilité de l'adulte vis à vis de l'autre membre du couple et culpabilité des deux parents à l'égard de leurs enfants. Difficultés des grands-parents à se situer. Avec un peu de temps, les deuils se font, les blessures se referment et des couples se reforment, identiques ou très différents.

- La maman de Paul rencontre donc un autre homme dont elle devient la compagne. Ensemble ils auront un enfant (3). Le nouveau partenaire de vie de la maman de Paul est lui-même divorcé d'une épouse avec qui il avait un enfant (4)

---

[1] Les chiffres inclus dans ces lignes renvoient à une place dans le schéma des pages suivantes : 82 et 83.

et qui s'est elle-même remariée avec un « nouveau mari » dont elle a deux enfants (5) et (6).

- L'évolution du côté paternel de Paul est à peu près identique : son père a rencontré une compagne avec qui il a eu un enfant (7), cette compagne elle même divorcée d'un homme avec qui elle avait un enfant (8) et qui, vivant avec une nouvelle compagne vient d'avoir un enfant (9).

- A ce début de constellation, il faut ajouter un certain nombre de grands-parents. Paul a les siens : paternels et maternels soit quatre. La nouvelle compagne de son père et le nouveau compagnon de sa mère ont encore leurs parents ; voici donc Paul avec, pour ainsi dire, quatre grands-parents de plus.

- Et puis, bien sûr, il faudrait faire figurer sur ce tableau les oncles et les tantes de Paul, leurs enfants et pourquoi pas les frères et sœurs des nouveaux compagnons des parents de Paul et leurs enfants.

Bref, on le voit, le système familial, le réseau, est en train de se constituer et le fonctionnement en réseau est lisible dans quelques événements de la vie familiale :

- Paul est au cœur du réseau. Le divorce de ses parents a fait, avec ou sans décision du juge, que Paul est resté vivre avec sa mère. Il entretient avec elle d'excellentes relations.

- Le Père de Paul, lui, a déménagé, il vit à 500 kilomètres - ou plus - et ne peut voir son fils qu'aux vacances. Les relations sont plutôt bonnes mais se distendent.

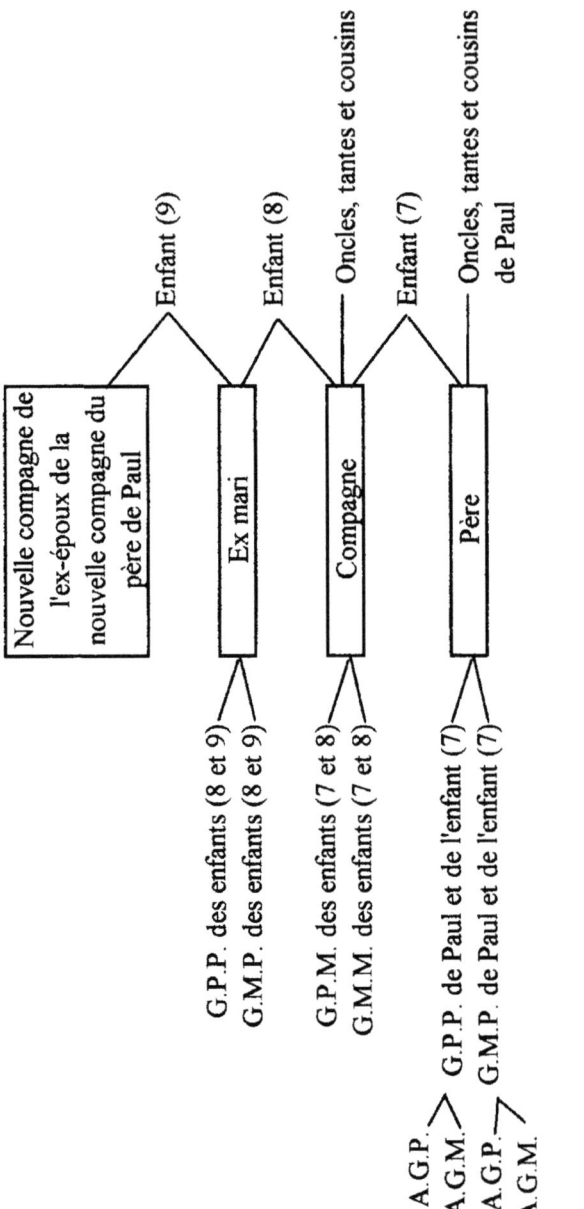

Nouvelle compagne de l'ex-époux de la nouvelle compagne du père de Paul — Enfant (9)

Ex mari — Enfant (8)

Compagne — Oncles, tantes et cousins

Compagne — Enfant (7)

Père — Oncles, tantes et cousins de Paul

G.P.P. des enfants (8 et 9)
G.M.P. des enfants (8 et 9)

G.P.M. des enfants (7 et 8)
G.M.M. des enfants (7 et 8)

A.G.P.
A.G.M. } G.P.P. de Paul et de l'enfant (7)
A.G.P.
A.G.M. } G.M.P. de Paul et de l'enfant (7)

PAUL (1) et sa SŒUR (2)

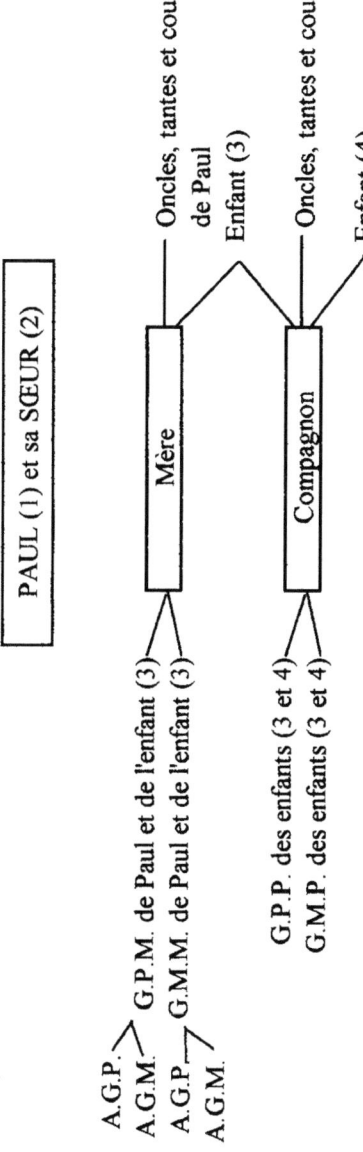
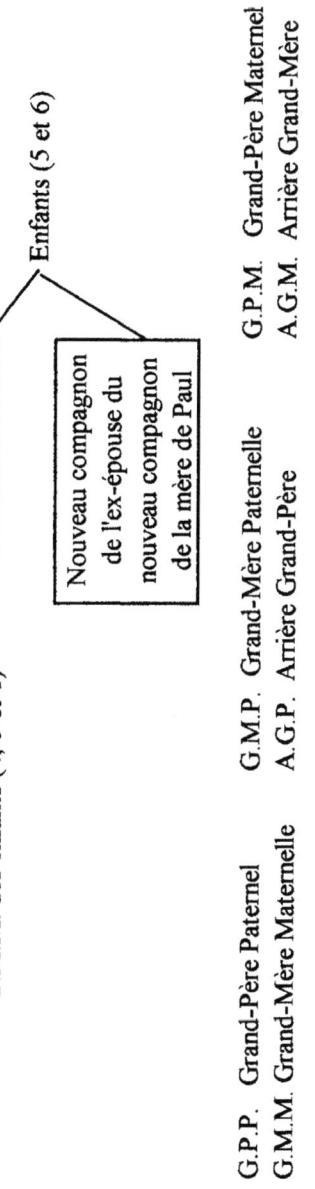

PAUL (1) et sa SŒUR (2)

Mère — Oncles, tantes et cousins de Paul / Enfant (3)

Compagnon — Oncles, tantes et cousins / Enfant (4)

Ex épouse — Enfants (5 et 6)

Nouveau compagnon de l'ex-épouse du nouveau compagnon de la mère de Paul

A.G.P.
A.G.M. > G.P.M. de Paul et de l'enfant (3)
A.G.P. > G.M.M. de Paul et de l'enfant (3)
A.G.M.

G.P.P. des enfants (3 et 4)
G.M.P. des enfants (3 et 4)

G.P.M. des enfants (4, 5 et 6)
G.M.M. des enfants (4, 5 et 6)

G.P.P. Grand-Père Paternel   G.M.P. Grand-Mère Paternelle   G.P.M. Grand-Père Maternel
G.M.M. Grand-Mère Maternelle   A.G.P. Arrière Grand-Père   A.G.M. Arrière Grand-Mère

83

- Paul a gardé d'excellentes relations avec ses grands-parents paternels. En revanche, les grands-parents maternels ont mal vécu le divorce de leur fille et ont cessé de la voir, la rendant responsable de cette catastrophe familiale. Paul n'a plus de relations réelles avec eux.

- Paul s'entend bien avec le nouveau compagnon de sa mère, il a quasiment « adopté » le petit frère (3) (demi-frère) issu de cette union et s'est fait un vrai copain de l'enfant issu du mariage dissous du nouveau compagnon de la mère (enfant (4) avec lequel il passe de temps en temps week-end ou vacances).

On voit ainsi comment les connections et interconnections vont s'effectuer dans ce réseau. Exemple : les vacances approchent ; les grands-parents paternels de Paul l'invitent à passer une semaine chez eux. Paul en est heureux mais demande à y aller accompagné de son pseudo-demi-frère, celui que, sur le schéma, nous appelons enfant (4).

« Pourquoi pas ? » Répondent les grands-parents. Les vacances se passent bien et au moment de partir, pour renforcer ce lien familial qui vient de s'établir la grand-mère dit à cet enfant (4) : « *Tu vois, on a été ravis de t'accueillir, t'es ici chez toi, reviens quand tu veux.* » D'ailleurs il y a longtemps que le gosse, lui, a « adopté » ces nouveaux grands-parents.

Plusieurs observations peuvent être formulées.

- Une situation vraisemblable
Pour extravagant que cet exemple puisse paraître à certains, il ne paraît pas exagéré. Bien sûr, à côté, existent encore des familles plus « simples », plus classiques. Mais la famille réseau que nous venons de décrire n'est pas une rareté, loin s'en faut.

- Des adultes et les enfants des autres
Les adultes sont de plus en plus nombreux à élever des enfants qu'ils n'ont pas fait eux-mêmes, dont ils ne sont pas les géniteurs, seul leur conjoint l'étant. Encore que parfois...

Ce phénomène n'est pas nouveau en soi, il y a longtemps que les histoires et les secrets de familles cachent (plus ou moins bien, plus ou moins longtemps) le secret (de polichinelle) des origines de tel ou tel enfant qui, décidément, ne ressemble pas à qui il devrait. Simplement les situations, dans lesquelles les adultes n'ont pas fait eux-mêmes les enfants qu'ils élèvent, sont de plus en plus nombreuses et de moins en moins secrètes. On élève des enfants qu'on n'a pas fait et on le sait.

- Une famille réduite, étonnamment étendue...
Cette famille que l'on croyait réduite, pour ne pas dire détruite, se recompose de manière étonnamment extensive, mettant en scène un nombre important de personnes à toutes les générations : nombreux enfants, nombreux parents, nombreux grands-parents, nombreux oncles et tantes, cousins, etc.

- Des liens repensés

S'ensuit une transformation fondamentale de la nature même du lien familial. Trois éléments au moins, trois éléments forts le constituaient : le sang, le droit, le toit[1]. Une famille, c'était effectivement le même sang qui unifiait des gens liés par le même nom et qui vivaient sous le même toit. Il y avait donc un lien d'origine, un lien d'identité et un lien d'enracinement ou si l'on préfère, un lien biologique, un lien juridique et un lien physique. Tout cela constituait une culture familiale de référence.

Dans la famille réseau, en revanche :

- Le lien de sang n'est plus nécessaire, la filiation devient relative, virtuelle ; les sangs se mêlent ou se côtoient ; faire famille n'est plus essentiellement une question de sang.

- Le lien du nom n'est plus nécessaire, le contrat allégé devient réversible, les noms sont multiples et se côtoient dans les mêmes unités d'habitation (la possibilité offerte aux mères, depuis 2001, de transmettre, elles aussi, leur nom à leurs enfants augmentera d'ailleurs, à terme, la diversité des noms présents au sein des mêmes unités familiales).

- Le lien du toit n'est plus nécessaire, la maison familiale a laissé place à la décohabitation, les lieux d'habitation sont multiples, éclatés sur un territoire sans limite.

---

[1] Le sang : il disait la lignée, la transmission, la descendance.
Le droit : il disait le nom, la filiation, l'héritage.
Le toit : il disait le feu, le foyer, la famille, l'inscription dans une terre.
L'ensemble déterminait une descendance, une appartenance, une culture.

Il se peut que ces liens existent, mais ce n'est ni certain ni indispensable. Les origines biologiques sont multiples, les noms sont multiples et les lieux de vie, d'habitation, sont multiples. On comprend alors que le lien familial soit en passe de devenir un lien virtuel dans une famille virtuelle, construite sur le modèle du réseau : famille en réseau.

- Une famille sans corps
Le risque, il est précisément dans le caractère virtuel et dans le modèle du réseau. Un lien familial, cela s'éprouve, cela se vérifie et se construit dans des échanges, dans des relations de joies, de peines, dans des rires et des larmes d'enfants, dans les jeux et les cris, dans les réprimandes et les câlins, les disputes et les étreintes. Le lien familial s'éprouve dans la corporéité. Quels liens familiaux vont permettre d'établir des interconnections provisoires, éphémères, virtuelles ? Est-ce en surfant sur un web familial qu'un enfant pourra construire une famille ?

- Des jeux subtils d'engagement
En revanche, il y a dans ce modèle de la famille Internet une évidente baisse de la pression sociale sur les individus. Cela pourrait avoir pour effet d'amener chacun à choisir, à s'engager dans des relations en y apprenant l'exercice de la liberté et de la démocratie. Les relations familiales ne s'imposent plus, elles se tissent ou ne se tissent pas au cœur de jeux subtils d'engagements et de désengagements heureux et douloureux mais choisis, libres. Ceci à condition que des adultes conscients mettent en œuvre une véritable éducation familiale dans laquelle on aura moins d'autorité, moins de pression sociale, mais peut-être plus de relations choisies, plus de liberté. Il y aurait donc une nouvelle solidarité familiale à inventer entre des gens qui se

reconnaissent liés par un nouveau lien de fraternité. Cette nouvelle forme de structure familiale nous oblige en effet, à repenser non seulement le lien de parentalité mais celui de fraternité.

- La famille n'est plus donnée
Famille en réseau, famille virtuelle : comment ferons-nous pour que la « vraie-fausse paternité » endossée par un homme, la « vraie-fausse maternité » exercée par une femme ou la « vraie-fausse fraternité » qui doit relier des enfants pseudo-demi frères et sœurs, comment ferons-nous pour que ces liens familiaux virtuels donnent corps à une vie affective et sociale humaine et satisfaisante ? La famille n'est plus donnée, elle est à faire. Comment la ferons-nous ?

- L'autorité... du juge
Avec les transformations de la structure ou des structures familiales, nous avons vu se transformer radicalement l'exercice du pouvoir dans la famille en question. Où est le pouvoir dans la famille virtuelle ? Difficile à dire sauf à se poser une question : qui tranche en cas de conflit ? Réponse : le juge. Car voilà, l'autorité est passée du Patriarche au Père, du père aux parents et des parents au juge. C'est d'ailleurs pour exercer cette autorité que la justice s'est récemment dotée d'un juge aux affaires familiales et non plus seulement matrimoniales. Lorsque dans le réseau, l'une des personnes interconnectées entre en conflit avec un autre membre du réseau, il faut bien que le juge vienne dire la loi. C'est ainsi que les grands-parents demandent au juge des droits de visite et que les enfants, de plus en plus tôt, saisissent le juge eux-mêmes pour obtenir des modifications de leur situation. Nos relations familiales en seront-elles meilleures ?

- Un lien de connexion
Qu'est-ce qui fait famille aujourd'hui ? Le réseau. Quelle est la nature du lien familial aujourd'hui ? La connexion ou l'interconnexion qui permet de faire passer des informations aux membres du réseau. S'il fallait de tout cela une preuve supplémentaire, on pourrait observer qu'il nous est devenu difficile, voire impossible de faire, comme on le faisait il y a peu, « le tour de la famille ». La famille n'est plus disposée en circuit autour d'un point, d'un centre historique. Ses cœurs potentiels multiples sont éclatés en réseau, partout dans le monde et l'on ne peut désormais les réunir, « les joindre », « les toucher », « les contacter » que de manière virtuelle en leur adressant des E-Mail ou en les « rencontrant » sur un site familial, nouvelle « maison de famille », nouveau fief, nouveau territoire immatériel, nouvelle culture peut-être d'une famille virtuelle. La « Web-cam » prendra, comme il se doit, la nouvelle photo de famille.

A défaut de « site » ou d'adresse électronique, le portable, pour un temps encore, fera l'affaire, on se joindra « sur son portable », on « s'aura », quels que soient les lieux et les heures, on se laissera des messages dans nos boîtes vocales... La mémoire familiale pourrait bien se réduire alors à une mémoire informatique des « coordonnées » de chacun, réduites à l'énumération de quelques chiffres en forme de numéro de portable, d'autant qu'il relaiera bientôt pour chacun de nous l'accès à Internet et à la connexion universelle.

- Transmettre des valeurs
Dans cette famille en réseau, il nous faudra donc apprendre à tisser du lien familial. Dès lors que la famille ne s'impose plus, il faut en effet, si on veut la faire exister, la

choisir, la décider, et cela n'est pas forcément spontané. Il nous faudra, en particulier, apprendre aux enfants à tisser ce lien en référence aux valeurs que nous entendons leur transmettre. Sans cela, quel lien subsisterait avec les moins « enviables » ou les moins « enviés » ? Avec ceux qui auront plus de difficultés que d'autres à s'interconnecter, c'est-à-dire les plus pauvres, les plus handicapés, les plus vieux ?

A travers cela se profile d'ailleurs, on peut ici le vérifier, une définition renouvelée, actualisée de la vieillesse et de son exclusion. La vieillesse n'est plus tellement une question d'âge (on peut être un jeune vieux et un vieux jeune) : est vieux celui qui ne peut pas se connecter, qui n'a pas accès ou qui n'a plus accès de manière indépendante aux réseaux dans lesquels se jouent les nouvelles formes de socialité.

Le modèle technologique du réseau pénètre donc dans toutes les sphères de l'organisation sociale, au point que la famille que nous pensions peut-être hors d'atteinte parce qu'appartenant au domaine privé, à l'espace intime de chacun, se trouve elle aussi traversée par ce modèle et cette logique structurante.

Il nous faut apprendre à vivre dans une famille en réseau pour qu'elle remplisse durablement les fonctions qu'elle doit remplir.
« *En réalité,* écrit Bruno RIBES[1], *toute réflexion sur la place de la famille dans la société contemporaine impliquerait que l'on soit au clair sur les fonctions de la famille* ». Bien sûr, la plupart des fonctions de la famille sont

---

[1] Bruno RIBES. *Les implicites de la politique familiale, des impensés qui demeurent.* Approches historiques, juridiques et politiques. Ed. Dunod, repris au congrès de l'UNOPA. Brest, 10-11, mai 2000.

aujourd'hui partagées : l'éducation, la socialisation, les soins, le « nourrissage », etc. Reste-t-il alors des fonctions, une fonction au moins, propre à la famille et qui justifierait à elle seule que l'on se mobilise pour une défense, une protection de la famille ? Si la provocation de Michel Fize[1] quand il titre « *A mort la famille ! Plaidoyer pour l'enfant* » atteint son but, qui plaidera durablement pour la famille ? Mais, soit, on peut peut-être admettre l'idée que l'enfant n'ait pas besoin de famille pour venir au monde, qu'il lui suffise d'avoir des géniteurs. Se pose alors une question : qui répondra de sa naissance ? Pour qu'un jour il puisse dire « je suis né de... » et par conséquent s'inscrire dans l'histoire, dans la géographie humaine, dans la culture. La fonction parentale n'est pas dissociable du lieu où elle s'exerce : la famille, même si cette fonction est à réinventer chaque fois que le tissu social se transforme en profondeur.

C'est en famille que l'on se réjouit de la naissance, que l'on répond de la naissance... et que l'on pleure la mort ou à cause de la mort.

« *Depuis des temps immémoriaux et dans toutes les cultures ou civilisations, c'est un devoir de famille d'accompagner le trépas, d'apaiser l'âme des morts, l'angoisse de la mort...* »[2]. Je ne pourrai jamais dire que je suis mort, bien sûr, alors qui dira ma mort ? Qui dira à mes petits-enfants que je suis mort ? « Il est mort »... quel autre lien de socialité que la famille pourrait me garantir de ne pas mourir dans l'anonymat ?

---

[1] Michel FIZE. *A mort la famille ! Plaidoyer pour l'enfant*. Ed. ERES, 2000.
[2] Bruno RIBE, ibidem.

C'est sans doute parce que la famille, quelle qu'en soit la forme, parle, finalement, de la vie et de la mort, qu'elle est, quoiqu'on en dise, essentielle.

DEUXIEME PARTIE :

Générations et transmission

Chapitre 3

Les rapports intergénérationnels

« Quand j'avais dix ans, je posais ma main sur celle de mon grand-père. Je trouvais miraculeux que nous fussions si dissemblables et pourtant de la même espèce. C'était une chose si troublante qu'il m'arrivait d'enfiler la veste de son costume afin de voir si, par hasard, ma peau n'allait pas devenir grise et ressembler comme la sienne à celle des tortues, mais je restais lisse, blafard et songeur devant la glace, et je me disais qu'un jour, j'aurais moi aussi les cheveux blancs, des plis aux coins de la bouche et un costume râpé. »

Christian COMBAZ,
Eloge de l'âge dans un monde jeune et bronzé
Ed. Robert Laffont, Paris, 1987.

Voici donc une famille en réseau à l'intérieur de laquelle nous avons à inventer de nouvelles manières de penser et de vivre. Cela ne va pas sans difficultés : l'éducation à la contrainte ou par la contrainte, on sait ce que c'est, surtout si l'on en a souffert soi- même, mais l'éducation au choix, à la liberté, c'est une autre affaire à laquelle nous sommes peu habitués et, peut-être même, peu enclins.

C'est pourtant d'autant plus important qu'il faudra veiller à ce que l'enfant tisse du lien, « s'entre maille », pour reprendre l'image du filet d'Internet, avec des générations multiples.

En effet, la présentation que nous avons faite de la famille en réseau est abusivement simplifiée. Il faut, pour rendre plus correctement compte de la réalité, inclure une nouvelle donne sociale : la multiplication des générations.

Des générations multiples.

« Les grands-parents ont désormais le privilège de voir leurs petits-enfants naître grandir et procréer [...] La phase grand-parentale dure le temps de tout un cycle familial. »[1]

Chacun sait désormais que la population française vieillit. Elle vieillit d'ailleurs en Europe et c'est en Europe qu'une partie des problèmes posés par ce vieillissement devra trouver des solutions.

On sait également que la population française vieillit d'une part parce qu'elle ne se renouvelle pas assez : l'indicateur conjoncturel de fécondité[2] qui était à 2,4 en 1945, à 3,1 en 1948 est descendu à 2,6 en 1965 et à 1,8 en 1975. Il reste depuis inférieur à 2, ce qui produit un renouvellement insuffisant de la population. D'autre part, et dans le même temps, la durée moyenne de vie a augmenté considérablement.

Ainsi, en 1950[3] l'espérance de vie à la naissance était pour les femmes de 69,2 ans et pour les hommes de 63,4 ans. En 1998, soit un demi-siècle après, l'espérance de vie à la naissance était devenue pour les femmes de 82 ans et pour les

---

[1] Claudine ATTIAS-DONFUT, Martine SEGALEN. *Grands-parents, la famille à travers les générations*. Ed. Odile Jacob. Paris, 1998. P. 115.
[2] Source : Robert ROCHEFORT, *Vive le papy-boom*. Ed. Odile Jacob, Paris, septembre 2000.
[3] Sources : UNOPA, *Cent idées reçues sur la vieillesse. Guide de l'action gérontologique,* sous la direction de J.J. AMYOT. Ed. Dunod, Paris 1997. Robert ROCHEFORT. *Vive le papy-boom.* Ed. O. Jacob, Paris, 2000.

hommes de 75 ans. Puisque l'on sait également que l'espérance de vie s'accroît sensiblement d'un trimestre par an, elle devait atteindre en 2002 les chiffres respectifs de 83 ans pour les femmes et de 76 ans pour les hommes.

On comprend dès lors que la population française vieillisse et l'on comprend surtout comment elle vieillit si l'on s'attarde à faire parler un peu ces chiffres. Le gain d'espérance de vie en cinquante ans est spectaculaire, pour les hommes comme pour les femmes, mais surtout l'écart homme-femme s'est creusé, il est passé de 5,7 ans en 1950 à 7 ans en 1998. Le profit apparent que les femmes peuvent tirer de cette situation (sans doute provisoire) est largement compensé par les inconvénients qu'il y a à vieillir : on ne dit jamais assez qu'en France les vieux sont d'abord des vieilles et que le Papy-boom sera, pour reprendre l'expression de Robert ROCHEFORT, d'abord un « Mamy-boom.» Ceci d'autant plus que si l'on regarde les chiffres de l'espérance de vie à 60 ans on observe que l'écart s'est légèrement resserré (20 ans pour les hommes, 25 ans pour les femmes), mais ce resserrement est largement compensé par le fait que les femmes ayant - c'était dans les pratiques culturelles admises - épousé des hommes plus vieux qu'elles, elles seront veuves bien avant qu'ils ne soient veufs et c'est elles qui porteront de fait la vieillesse de leur conjoint. Vieillir c'est décidément d'abord une affaire de femme qui regarde les femmes.

Les projections réalisées par les démographes à l'horizon 2050 donnent le vertige : l'espérance de vie à la naissance des hommes atteindrait 82 ans et celle des femmes 90 ans. Quant à l'espérance de vie à 60 ans elle serait encore pour les hommes de 26 ans et pour les femmes de 32 ans.

On peut être légitimement surpris de constater que l'espérance de vie à 60 ans ne corresponde pas simplement à la soustraction : espérance de vie à la naissance moins 60 ans... L'explication est simple et paradoxale à la fois. Au fur et à mesure que passent les années, nous éliminons certains risques de mortalité : les maladies infantiles, le service aux armées, les accidents du travail, l'infarctus de la quarantaine, etc. Tant et si bien que les facteurs de risques, les causes possibles de décès sont de moins en moins nombreux. Situation paradoxale qui nous conduirait à dire avec un brin de dérision que plus nous vivons longtemps moins nous avons de risques de mourir alors même que nous nous rapprochons inexorablement de notre mort, avec la chance de mourir de notre « belle mort », naturellement.

Ces propos sur le vieillissement global de la population doivent, par ailleurs être eux-mêmes critiqués. En effet, nous vivons ensemble de plus en plus longtemps, c'est indéniable. Mais ce phénomène s'accompagne d'un recul de la vieillesse. Dans les représentations que nous en avons, l'âge d'être vieux a tellement changé que celui qui, il y a trente ans était considéré comme vieux à 60 ou 65 ans, est aujourd'hui, au même âge, considéré comme jeune. Ainsi, nous vivons plus longtemps mais l'âge de la vieillesse recule... Il se pourrait alors que du point de vue collectif, au moins, vieillir constitue une véritable chance.

Lorsque les démographes, après Alfred Sauvy en 1928, nous alertent sur le vieillissement de la population française, ils doivent bien sûr être entendus. Attention, pourtant, à ce que les connotations dévalorisées que comporte le terme « vieillissement » ne viennent pas trop noircir la réalité. La nuance peut sembler subtile, pourtant ce n'est pas parce que chacun de nous prend de l'âge que nous vieillissons collectivement. On pourrait même, tant pis pour le paradoxe, repérer des signes de rajeunissement, au moins dans les mentalités, les comportements, les habitudes de vie.

Ainsi donc les Français vieillissent, la population vieillit et ce vieillissement collectif crée une situation nouvelle, inexplorée : la multiplication des générations. Le thème de l'intergénérationnalité, des rapports entre les générations, devient, du même coup, un thème d'actualité avec un contenu substantiellement renouvelé. C'est ce qu'explique Robert ROCHEFORT :

« Demain, les différences passeront davantage par les rapports entre les classes d'âges et c'est une richesse collective qu'ils soient plus nombreux [...] Ainsi la société des trente prochaines années ne sera pas celle du papy-boom, mais celle des rapports intergénérationnels ce qui est bien plus exaltant ! »[1].

Qu'entend-on d'abord par génération ? Ce terme, selon la manière de le référencer et l'usage que l'on veut en faire, peut recevoir plusieurs définitions. S'agissant de l'analyse des rapports intra-familiaux, Claudine ATTIAS-DONFUT[2] précise : *« Dans la famille, il n'y a pas de génération en soi, c'est la position relative dans la succession généalogique qui situe la génération par rapport aux prédécesseurs et aux successeurs ».* Cette idée de « succession » est ici d'autant plus utile qu'elle implique, sans la nommer explicitement toute la transmission possible d'une génération à l'autre.

---

[1] Robert ROCHEFORT, Ibidem.
[2] Claudine ATTIAS-DONFUT. Ouvrage collectif sous la direction de *Les solidarités entre générations. Vieillesse*, familles, Etat. Ed. Nathan, coll. Essais et Recherches, Paris, 1995.

Cependant l'idée qu'il nous faut ici retenir c'est non seulement la succession mais la coexistence, la simultanéité d'un nombre de générations allant jusqu'à quatre (on y est pratiquement habitué) mais allant de plus en plus souvent jusqu'à cinq et cela constitue un phénomène nouveau.

La famille en réseau s'étoffe donc dans un tissu familial, une toile familiale à générations multiples, véritable édifice intergénérationnel à trois, quatre voire cinq étages. Il faut, pour visualiser cet édifice, placer au centre celle que nous appellerons la génération pivot, parce que c'est au-dessus et en dessous d'elle que se déploie cette famille multigénérationnelle.

Aïeux	95 à 105 ans
Grands-Parents	75 à 85 ans
Parents-pivot	50 à 60 ans[1]
Enfants	25 à 35 ans
Petits-enfants	0 à 5 ans

La génération pivot, celle que nous nommons ici « Parents » correspond exactement à la génération du baby-boom, elle a entre 50 et 60 ans. Ses enfants ont, naturellement, entre 25 et 35 ans, selon leur place dans la fratrie et selon l'âge auquel les parents ont eu leurs enfants. Bref, ces jeunes adultes, de 25 à 35 ans, ont eux-mêmes des enfants entre 0 et 10 ans, petits-enfants de la génération pivot.

Lorsque l'on a 50 à 60 ans[2], allongement de l'espérance de vie oblige, il est très fréquent désormais que l'on compte

---

[1] Cette génération correspond, pour reprendre le schéma du réseau de la page 74, à la génération des grands-parents de Paul.
[2] *« A 59 ans, un homme sur quatre appartient à une famille de quatre générations. Pour une femme, la proportion est encore plus*

encore un ou deux de ses parents ou beaux-parents qui n'ont, si l'on peut dire, que 75 à 85 ans. Statistiquement, il est probable que ce soient plutôt les femmes qui restent mais la durée moyenne de vie n'étant qu'un calcul statistique, les hommes ne sont pas a priori exclus.

Enfin, lorsque l'on a aujourd'hui entre 75 et 85 ans, il n'est plus rare même si ce n'est pas encore très, très fréquent, que l'on ait encore l'un au moins de ses propres parents ou beaux-parents qui évoluent eux-mêmes entre 95 et 105 ans. Il y a en France aujourd'hui quelques 8500 centenaires, il y a donc déjà quelques 8500 familles potentiellement concernées. Cette situation se multipliera considérablement dans les années qui viennent puisque l'on peut penser, comme le démontre l'Office européen des Statistiques cité par Robert ROCHEFORT,[1] que *« le nombre d'octogénaires passera de 1,5 millions en 2000 à 5 millions en 2040. De même les nonagénaires (90 ans) qui ne sont que 350 000 en 2000 atteindront 40 ans plus tard 1,3 million. »* Le nombre de centenaires s'accroîtra logiquement dans des proportions comparables : ils étaient 200 en 1950, 300 en 1990, 8500 en 2002, on en attend 150 000 en 2050...

Ironie du sort, les centenaires de la cinquième génération, surtout les femmes, doivent, en plus, savoir que si elles ont eu des enfants relativement tôt, il est statistiquement probable qu'elles voient mourir leurs fils avant elles... L'allongement de la durée moyenne de vie est, nous l'avons vu, différentiel et inégal en « faveur » des femmes.

significative ». Jean-Jacques AMYOT. Guide de l'action gérontologique, sous la direction de, Dunod, Paris, 1997.
[1] Robert ROCHEFORT, Ibidem.

L'intergénérationnalité

> *« La charge des personnes très âgées va reposer essentiellement sur les grands-parents. Toutes les caractéristiques qui font d'eux le soutien obligé des nouvelles générations vont également les conduire à porter leur attention sur leurs propres parents. »* [1]

La question qui se pose alors et qui se posera évidemment de plus en plus est de savoir quel est le contenu relationnel vrai dans les rapports entre ces cinq générations. Contenu relationnel vrai, c'est-à-dire au-delà des bonnes intentions. L'intergénération fait partie, en effet, de ces termes qui, sans doute à juste titre, sont entrés dans la formulation de projets, d'intentions, de déclarations, voire de slogans. Ce faisant, la notion s'est répandue, mais il se pourrait bien qu'elle ait perdu de son contenu. Jean-Jacques AMYOT en propose une définition :

> *« L'intergénération c'est un système de relations croisées entre différentes générations avec, dans le cadre de l'action sociale, une préférence pour une mise en relation des personnes âgées et des enfants - ou jeunes adultes en difficulté - ce qui exprime que cette relation n'irait pas de soi »* [2].

Il s'agit donc de passer au-delà des bons sentiments, une fois que l'on a constaté que tout le monde est d'accord

---

[1] Ségolène ROYAL. *Le printemps des grands-parents, la nouvelle alliance des âges.* Ed. Robert Laffont, coll. Cogite, Paris, 1987. P. 83.
[2] Jean-Jacques AMYOT. *Travailler auprès des personnes âgées.* 2ème édition, Dunod, Paris, 1998.

pour célébrer les rapports intergénérationnels, d'autant que déclarer l'inverse ne serait ni familialement ni politiquement très correct.

On peut observer des différences importantes selon les étages considérés dans l'édifice intergénérationnel. On sait, en général, bien vivre dans des rapports à trois niveaux. Les rôles paraissent intégrés, connus d'avance, surtout si l'on considère les trois niveaux les plus jeunes. Ségolène ROYAL avait raison, sans doute, de parler à leur sujet de *« nouvelle alliance des âges »* et de *« printemps »*[1] pour les grands-parents. C'est vrai, ils sont épatants ces grands-parents, d'autant qu'ils n'ont aucun des stigmates de la vieillesse, ce sont des grands-parents jeunes, actifs, dynamiques, disponibles souvent. Pour peu qu'ils aient su développer et entretenir des relations de qualité avec leurs propres enfants, on imagine et on observe comment ces jeunes grands-parents se régalent de leur rôle grand-parental et comment enfants et petits-enfants y trouvent leur compte.

Si au lieu de considérer les trois étages du bas de l'édifice on considère les trois étages centraux (la génération-pivot, ses ascendants et descendants), on prend conscience déjà que tout peut se compliquer. Il est possible, mettons d'abord les choses au mieux, que les rapports entre ces trois générations soient simples, chaleureux, appuyés sur une longue histoire d'amour, de tendresse familiale. Tant mieux. Il est possible aussi que la culture des plus vieux, leur conception de l'éducation, les réactions des plus jeunes, n'aient pas permis que s'installe durablement cette qualité relationnelle. Il est possible aussi, que, déjà, une certaine détérioration liée à la vieillesse soit à l'œuvre... et puis le veuvage, et puis la solitude, et puis l'isolement, la distance...

---

[1] Ségolène ROYAL. Ibidem.

Alors on voudrait bien, mais tout est ou devient difficile ! Comment se rendre disponible aux plus âgés quand on se veut disponible pour ses enfants et ses petits-enfants ?

Et parfois l'on souffre de la distance relationnelle déjà ressentie ou de la difficulté à faire des choix quand, justement, au pivot de l'édifice, il faut parfois choisir entre la disponibilité à ses parents et la disponibilité à ses petits-enfants.

Bref, il se peut que sur ces trois niveaux tout se passe encore bien, mais il se peut aussi que le printemps prenne déjà des couleurs d'automne.

Quatre, cinq générations

« La spécificité du modèle contemporain des liens intergénérationnels est d'articuler échanges et indépendance. Ce sont des liens modernes en ce qu'ils sont librement consentis par des individus ou des groupes familiaux indépendants. »[1]

Tout se complique en fait dès l'instant où sont en présence non plus trois mais quatre générations. Là encore il se peut que tout soit pour le mieux dans le meilleur des mondes...

Mais à une époque qui, perdant le sens du gratuit, tend à ne considérer les personnes que pour leur utilité, comment développer un contenu relationnel investi et positif entre cet enfant de 5 à 7 ans et son arrière-grand-mère de 80 ans ? A quoi lui sert (question scandaleuse !) cette vieille grand-mère quand il a la chance d'en avoir une jeune, belle, dynamique, sportive, qui conduit sa voiture, l'emmène au foot ou au conservatoire, à la danse ou au tennis... et en plus lui fait des bisous et des câlins merveilleux ? La question posée ainsi est choquante voire scandaleuse et nous la posons ainsi pour provoquer la réflexion.

Mais il se pourrait bien, si l'on n'y prend pas garde, que dans la famille en réseau on ne fasse déjà plus attention à cette grand-mère là. Si, de plus, un divorce est venu compliquer la situation familiale il n'est pas impensable que

---

[1] Martine SEGALEN. *Continuités et discontinuités familiales : approche socio-historique du lien intergénérationnel. In Les solidarités entre générations.* Ed. Nathan. Coll. Essais et recherches, Paris, 1995.

personne parmi ses petits-enfants et arrière-petits-enfants ne se « connecte » encore avec elle.

Que dire alors de l'aïeule ? Existe-t-elle dans le réseau ? Comment peut-elle se relier ? Qui s'en préoccupe ? Quel contenu relationnel vrai cet enfant de 7 ans va-t-il développer avec cette arrière-arrière grand-mère de 100 ans ?

Bien sûr, là encore, le pire n'est pas sûr mais il se pourrait bien que les rapports intergénérationnels avec elle, pourtant généreux dans l'intention qui les fonde, se résument à une caricature. La scène se passe une fois l'an, aux environs de Noël ou du premier janvier... on ne sait jamais, les étrennes ! La génération des trente ans vient en visite à la maison de retraite, accompagnée de ses enfants et sans doute de ses parents. On n'a pas oublié le caméscope ; alors, pour quelques instants on place le dernier-né sur les genoux de l'aïeule, on la supplie de ne pas bouger, de ne pas le casser, on se presse autour d'elle - photo de famille oblige - on filme, ça va merci, on peut reprendre le petit, on a fait des images... on ne sait jamais l'année prochaine « je ne serai peut-être plus là... Oh dis pas ça mémé... On n'en sait rien ! » Cela vaut mieux que rien ? Peut-être ! Il vaut mieux aller dans les maisons de retraite que de les laisser se fermer sur elles-mêmes. Il vaut mieux aller voir son aïeule que de ne pas y aller. Il vaut mieux garder de bonnes images, que de rompre les liens. Bien sûr. Mais qui peut se satisfaire de cela ?

Le personnel de la maison de retraite ? Non, il n'est pas satisfait, d'autant qu'il est, à longueur de jours confronté à la solitude des personnes accueillies.

La personne âgée, l'aïeule ? Non, bien sûr, peut-être n'est-elle plus très lucide, mais si « elle a sa tête » elle n'est pas dupe, elle souffre de ces liens creux qui se nouent entre des gens de la même famille qui ne se connaissent pas ou plus.

Qui est dupe ? Personne, ni les grands-parents (ceux de 80 ans) qui ont préféré « reporter leur visite, comme ça, ça lui en fera deux... », ni la génération pivot. Mais comment pourrait-elle faire face à tous les étages ? Ni les enfants... mal à l'aise, un peu coupables mais comment trouveraient-ils le temps ? Et pour faire quoi ? Ni même le petit de 7 ans qui veut bien des étrennes...

Le tableau est noir, brossé de cette manière, c'est vrai. Pourtant il ne sert à rien de se voiler la face, la toile de fond sur laquelle se construisent des rapports à cinq générations est souvent de cette couleur, hormis quelques situations plus enviables mais exceptionnelles. Il suffit pour s'en convaincre d'écouter les générations intermédiaires : celle que nous avons appelée « pivot » et celle d'au-dessus, de ses parents. Il suffit de les rencontrer, dans leur vie associative par exemple ou dans des cercles de relations amicales et de les laisser parler de ce qu'ils vivent.

L'angélisme de l'intergénérationnalité est ici pris à défaut. Les rapports entre générations multiples ne fonctionnent pas spontanément. Ce n'est d'ailleurs ni dans nos habitudes, ni dans notre expérience, ni dans notre culture. Il faut donc les inventer, penser leur contenu, définir les valeurs sur lesquelles on entend les fonder, transmettre ces valeurs, les mettre en œuvre, dans une famille en réseau qui n'en finit pas de s'étendre au moment où l'on croyait qu'elle avait fini de rétrécir. Parce qu'évidemment il n'est pas exclu que cette aïeule en établissement soit, en réalité, non pas tout à fait l'aïeule paternelle ou maternelle, mais plutôt l'arrière-grand-mère de la nouvelle compagne du papa du petit dernier… Ce qui fait famille aujourd'hui c'est la connexion toujours possible au réseau familial.

« On ne choisit pas sa famille » avait-on coutume de dire. Tout porte à croire que désormais pour qu'il y ait famille, surtout si le nombre de générations est élevé, il faille le choisir, le décider, le construire.

La génération pivot

« Dans la trajectoire individuelle de la personne âgée dépendante, c'est très souvent le soutien dont elle pourra bénéficier de la part de son entourage qui déterminera son maintien à domicile. En l'absence d'un entourage mobilisable, c'est presque toujours le recours à l'hébergement qui finit par s'imposer... »[1]

L'édifice intergénérationnel doit en réalité sa solidité à son enroulement sur la génération que nous avons appelée « pivot », celle qui a entre 50 et 60 ans, génération, couple surtout, qui se trouve dans la situation originale d'avoir à vivre dans le même temps :
- des rapports à ses propres parents,
- des rapports à ses propres grands-parents,
- des rapports de couple,
- des rapports de parents à leurs enfants,
- des rapports de grands-parents à leurs petits-enfants.[2]

Ils peuvent être, en d'autres termes, en même temps grands-parents et petits-enfants. Bien sûr tout est possible, mais on ressent combien ce « grand écart » entre deux positions familiales extrêmes peut être difficile, provoquant une sorte de clivage évidemment douloureux.

---

[1] Sylvie RENAUT et Alain ROZENKIER. *Les familles à l'épreuve de la dépendance. In Les solidarités entre générations.* Sous la Direction de Claudine ATTIAS-DONFUT. Ed. Nathan, coll. Essais et recherches, Paris, 1995. P. 206.
[2] Michel BILLÉ. *Le maintien à domicile... de la femme de cinquante ans.* In Médecine au féminin, n°5, 1986.

Le contexte sociétal attribue, d'autre part, des statuts différents aux deux membres du couple et la partition des rôles homme / femme place l'un et l'autre dans une situation objectivement différente, que le terme englobant de « génération pivot » pourrait masquer.

La génération est pivot, c'est vrai, mais ce sont les femmes qui en exercent la fonction, en assument la charge bien plus que les hommes. Nous ferons, pour la suite du raisonnement, l'hypothèse d'une situation où un couple se trouverait devoir jouer ce rôle, mais il est clair qu'en cas de divorce, de séparation ou de célibat on attend ce rôle de pivot beaucoup plus de la part des femmes que des hommes, et il faudrait dire : beaucoup plus de la part des filles que des fils. Nous ne nous réjouissons pas qu'il en soit ainsi mais nous observons que c'est ainsi.

Il ne s'agit pas de faire à la femme un sort particulier, mais au contraire de reconnaître que dans cette structure familiale à étages multiples, elle a un rôle tout à fait spécifique. Ce rôle, c'est au fond, le prolongement du rôle féminin le plus traditionnel pour l'exercice duquel elle a été éduquée, formée, préparée. Elle est née dans l'immédiat après-guerre, elle est de cette génération qu'Yvonne KNIBIEHLER[1] appellera « la génération du refus », refus des modèles préexistants, d'une *« maternité-nature, maternité-destin, maternité-devoir, gouvernée par des hommes, au service de l'espèce et de l'Etat-nation. »* Génération du refus donc, mais on oublie souvent, s'agissant de ces femmes, qu'il leur a fallu du temps pour construire ce refus, pour inventer, dans un féminisme de seconde période, une nouvelle

---

[1] Yvonne KNIBIEHLER. *La révolution maternelle depuis 1945.* Ed. Perrin, Paris, 1997.

manière, plus libérée, de penser la maternité, la féminité, la conjugalité, la socialité, bref une nouvelle manière d'être au monde.

L'effet génération risque d'occulter également les disparités nombreuses d'évolution des mentalités selon les milieux socioculturels, les références idéologiques d'origine, l'ancrage urbain ou rural, le niveau de scolarisation.

A tel point que cette génération de « femmes pivot », avant d'être une génération libérée, une génération du refus, est d'abord une génération charnière, on pourrait aussi bien dire de transmission ou de conflit. Bien sûr c'est la génération qui, la première, a eu accès à la contraception, mais ne nous y trompons pas, elle a d'abord eu accès aux cas de conscience, aux décisions difficiles à prendre, aux jugements de valeurs désobligeants, aux sanctions idéologiques de tous ordres, aux conflits ouverts et intérieurs qu'engendrait la revendication de cette liberté.

Elle a donc 20 ans en 1965 ou 1966. Bien sûr elle est allée à l'école (il faudrait sans doute nuancer selon les milieux d'origine), peut-être même jusqu'au bac, en tous cas jusqu'au « brevet » comme on appelait encore ce qui est devenu BEPC puis DNB : diplôme national du brevet. Si sa motivation au travail scolaire ou ses résultats étaient moyens, on l'aura volontiers orientée vers une formation plus « utile » : enseignement agricole, enseignement ménager, CAP de « coupe-couture », sténo-dactylographie, coiffure, etc. Un « reste » de discrimination laissant encore entendre que pour les filles les études étaient moins nécessaires que pour les garçons... pourvu qu'elles deviennent de bonnes épouses, de bonnes mères, de bonnes femmes d'intérieur, de bonnes ouvrières ou employées. D'autant que ça ne durerait pas. Quand on a vingt ans en 1965-67 (le changement s'accélèrera après 68) on se marie jeune, à la fois parce qu'on le souhaite, et parce qu'une jeune fille bien élevée quitte encore difficilement le domicile parental si ce n'est pour se marier.

« On se marie tôt à vingt ans
Et l'on n'attend pas des années
Pour faire trois ou quatre enfants
Qui vous occupent vos journées…»

chantait Jean FERRAT… Peut-être comptait-il un peu trop vite les enfants, un, deux, oui, bien sûr, et c'est à ce moment que le refus de cette maternité automatique et subie va intervenir. Mais un ou deux enfants, oui sûrement, et pour toutes les raisons que l'on connaît. Etre femme, c'est se réaliser comme mère ; ces enfants on les souhaite, on a été éduquée pour cela ; et puis on est persuadée qu'il vaut mieux les avoir jeune parce qu'on sera plus dynamique, plus disponible… Et surtout, on les veut bien parce qu'ils sont là, ils arrivent, ce n'est qu'un peu plus tard qu'on saura comment ne pas les faire. Pour l'instant, seul le bon Docteur Ogino et la prise de température peuvent être sollicités.

« On a, par exemple, oublié qu'un des thèmes majeurs de la campagne présidentielle de 1965 (François Mitterrand candidat contre le Général De Gaulle) était la contraception. F. Mitterrand avait pris position en faveur de la contraception et pour un congé maternité de quatorze semaines, remboursé à plein salaire par la Sécurité Sociale »[1]

---

[1] Yvonne KNIBIEHLER, Ibidem.

Quand on est une femme de cette génération on est, encore pour quelques années, persuadée qu'il vaut mieux arrêter de travailler pour élever ses enfants. Les hommes y trouvent quelques avantages : monopole de celui qui travaille et qui fait vivre les autres, pouvoir, statut, etc. Avoir « sa femme » à la maison, c'est une manière d'en disposer, de l'asservir. C'est ce avec quoi elle va rompre mais la rupture sera plus lente qu'on ne le pense souvent.

Elle élèvera donc « ses enfants », pendant quelques années au moins, puis voudra prendre ou reprendre une activité professionnelle. La crise économique et l'évolution technologique sont passées par-là. Du travail, il n'y en a guère et, s'il y en a, la formation professionnelle et les compétences sont dépassées. Il lui faudra donc faire à 30, 35 voire 40 ans un immense effort de formation, de réorientation professionnelle ou accepter des emplois subalternes, sous-qualifiés, sous-payés, destinés à faire, comme on le disait dans les années quatre-vingts, « un complément de salaire pour arrondir les fins de mois. »

Si elle ne trouve pas d'emploi, que peut-elle faire ? S'occuper d'enfants ! Elle fera donc une demande d'agrément pour devenir nourrice, on dira très vite gardienne, puis assistante maternelle... juste au moment où, la France ne faisant pas assez d'enfants, elle n'est pas sûre d'en avoir à « garder ». Alors ? Elle peut encore demander un agrément au Conseil Général pour devenir *« famille d'accueil pour personnes âgées ou handicapées »*[1]. Elle sera ainsi, malgré

---

[1] Loi du 10 juillet 1989 sur « l'accueil par des particuliers, à leur domicile, à titre onéreux, de personnes âgées ou handicapées adultes ». Décret d'application du 23 janvier 1991 sur le mise en œuvre, voir Jean-Jacques AMYOT : *Travailler auprès des personnes âgées*, Dunod,

elle, fixée à son domicile au prétexte d'y accueillir une personne âgée. Ne nous y trompons pas en effet, ce que l'on a longuement appelé de l'accueil familial est rarement fait en famille, c'est la femme essentiellement qui l'assure, aidée parfois seulement et à la marge par son mari. Des bribes de formation accompagneront ces agréments, mais il est clair que l'on compte sur l'expérience qu'elle a de la vie et sur ce que cette vie lui a appris pour assumer ces fonctions. Et l'on n'a pas fini de compter sur son expérience...

Tout cela a pris du temps, des années, tout a changé, ses enfants ont grandi, ses parents ont vieilli, ses grands-parents sont devenus très vieux ; elle-même est déjà grand-mère, elle a désormais 55 ans... C'est le moment où elle va devoir donner sur tous les fronts : contrairement à ce que l'on pouvait penser, ses enfants ont besoin d'elle. Pour les petits-enfants d'abord : c'est qu'elle a, de plus, envie de jouer son rôle de grand-mère. Pour eux-mêmes, aussi, dans les diverses tempêtes qu'ils traversent : séparation, divorce, chômage, recherche d'emploi. Il arrive même qu'ils reviennent, pour quelque temps, vivre au domicile des parents... Elle « assure. » Autre front : ses grands-parents, ils sont très vieux, c'est encore le moment de leur donner des signes. Ils ont besoin ; il faut assurer à domicile une certaine présence ou siéger au Conseil d'Etablissement de la maison de retraite... Elle « assure. » Forcément, ça ne durera pas, ses grands-parents vont mourir, ce sera le moment où ses propres parents vont commencer à connaître des problèmes liés au vieillissement, puisqu'ils ont ou qu'ils auront 85 ans. Explosion du grand âge... C'est à 80 ans désormais que l'on est vieux. Qu'importe ! Elle « assure » !

2ème édition, Paris, 1998, ou encore, sous la direction de Jean-Jacques AMYOT : Guide de l'action gérontologique, Dunod, Paris, 1997.

Elle a beau être de la génération du refus, elle a intégré des valeurs et, tant qu'elle le pourra, elle se mettra au service des autres, de tous les autres. Pas comme l'aurait fait sa mère en prenant ses parents chez elle. Non, en devenant non seulement le pivot de l'édifice familial mais le pivot du soutien à domicile de ses propres parents. Chacun sait bien en effet (les auxiliaires de vie sociale et les diverses intervenants à domicile en témoignent) que, quels que soient les services qui se déploient pour soutenir les personnes âgées dans leur effort pour se maintenir chez elles, il faut trouver dans leur environnement un appui, un relais, un pivot qui assure la continuité de l'accompagnement et le lien entre les interventions forcément morcelées.

La situation n'est pas figée, la reprise économique redonnera du travail aux enfants qui, reformant un couple, iront mieux, partiront, repartiront, éventuellement très loin... Les grands-parents sont maintenant décédés, et petit à petit ses propres parents ou beaux-parents vont, eux aussi, quitter la scène. Son mari aura pris un peu d'âge et une retraite bien espérée. Il l'aura même secondée dans certaines de ses obligations. Bref, l'horizon s'éclaircit... qu'elle en profite sans attendre : le différentiel d'espérance de vie et l'âge plus élevé de son mari vont la faire veuve avant longtemps.

On trouvera peut-être dans ce récit quelque exagération, quelque invraisemblance. Pourtant chacun connaît dans son entourage familial ou amical une femme d'à peine 60 ans qui, bon gré, mal gré, vit une situation semblable ou quasi-semblable. Ce rôle de pivot est peu enviable. Si cette femme ne fait pas fonctionner les rapports intergénérationnels dans l'édifice familial qui s'enroule autour d'elle, celui-ci ne fonctionnera vraisemblablement plus. Si elle n'organise pas une réunion, un repas de famille, qui le fera ? Ses enfants ?

Pas de place dans l'appartement, pas le temps, pas le moment ! Ses parents ? Trop vieux déjà, plus la force, plus l'énergie.

On pourrait explorer tous les registres de sa vie de femme, on observerait la même chose et s'il lui reste du temps, parité oblige, elle vient d'entrer en politique... C'est peut-être par-là, d'ailleurs, qu'il faudra prendre à bras le corps cette situation.

La solidarité familiale, la solidarité de proximité, la solidarité intergénérationnelle constituent, certes, de bonnes idées. Encore faut-il donner à ceux - à celles - qui les mettent en œuvre les moyens de ne pas s'y épuiser. Sinon, on ne pourra être surpris, que la « génération du refus » refuse aussi cela parce que, si elle s'est battue pour « sa liberté » à 25 ou 30 ans, ce n'est pas pour un autre asservissement 30 ans après. A moins que, déjà, cette liberté-là, ce refus ne soient repris par la génération suivante.

Une culture de l'intergénération

> *« C'est la mise en place de l'état*
> *providence avec notamment la généralisa-*
> *tion des systèmes de retraite qui va*
> *contribuer à réinventer cette figure oubliée*
> *de la famille : le grand-père, c'est-à-dire*
> *un homme relativement libre de son temps,*
> *encore en bonne santé, qui peut s'occuper*
> *de ses petits-enfants. »[1]*

Les rapports intergénérationnels se jouent donc d'abord sur la scène micro-sociale de cet édifice familial à trois, quatre, voire cinq générations. L'intergénérationnalité, pourtant, ne s'arrête pas là, les rapports entre les générations doivent aussi être régulés au niveau macro-social. C'est l'objet des politiques sociales vieillesse, des dispositifs de retraite et autres mesures de protection ou d'aide sociale que de régler les rapports d'obligations réciproques entre les générations. Ce niveau sociétal ne saurait dispenser de l'autre, celui qui se réfère à l'espace intime des rapports interpersonnels.

Il arrive parfois, dans des rapports interpersonnels difficiles, que l'on prenne pour de l'intergénération des comportements qui ne sont que confusion entre les générations. Chacun porte le même jean, accède aux mêmes produits de consommation, feint de se comporter de la même manière... La suppression apparente des différences peut alors laisser penser que l'intergénération progresse. Ce n'est pas parce qu'une mode traverse les générations qu'elle les

---

[1] Claudine ATTIAS-DONFUT. Ibidem.

relie. « *Quand le trans se prend pour de l'inter* »[1] explique le philosophe Paul BLANQUART, les flux d'informations traversent, mais la relation ne s'établit pas. Il faut distinguer les générations pour qu'elles puissent développer des relations.

Il arrive souvent, dans le fonctionnement ordinaire de nos rapports sociaux, que le sens macro-social de l'intergénérationnalité se perde. On tend à ne plus voir, par exemple, dans les cotisations retraite que la charge qu'elles représentent et le droit que l'on s'ouvre à soi-même. On perd ainsi de vue que la répartition - clé du système - assure, heureusement, les revenus des retraités. Voilà de l'intergénération qui perd son sens, la solidarité. Il arrive, de la même manière, que le fonctionnement ordinaire de nos relations familiales ou de proximité perde son sens et que l'aide à la personne âgée dépendante ne soit plus que contrainte de temps, d'argent, d'effort.

On cherche alors à activer par différents moyens l'intergénérationnalité. On crée des activités, des animations, des rencontres. Pourquoi pas ? Si l'entreprise ne consiste pas, comme on le voit parfois, à faire entrer de force dans la maison de retraite des enfants de maternelle ou de cours préparatoire qui n'ont pas envie d'aller voir des vieux que le bruit des mômes dissuade de participer et qu'il faudra plus ou moins persuader (pour ne pas dire contraindre) de participer… Si l'on est sûr, aussi, qu'il ne s'agit pas de proposer à des vieux des activités infantilisantes sous prétexte de les partager avec les enfants… Si l'on est sûr, enfin, de ne pas promouvoir un ersatz, un gadget dans le but avoué ou non

---

[1] Paul BLANQUART. *Une histoire de la ville.* Ed. La Découverte/essais, Paris, 1997.

d'obtenir tel ou tel financement pour équiper l'extension de l'établissement pour laquelle on a des problèmes de budget...

Pourquoi refuser toutes ces animations ? Ne nous y trompons pas. Si l'on a besoin de passer par ces gadgets c'est que les rapports intergénérationnels sont inexistants et l'on peut craindre que ce ne soient pas ces gadgets qui les réaniment. Il nous faut entrer, et nous ne savons pas spontanément le faire, dans une culture des rapports entre les générations, entre quatre et cinq générations.

C'est seulement en essayant de répondre à la question des attentes réciproques que l'on entrera dans cette culture. Or, il n'est pas sûr que les attentes existent. Il est clair que toutes les attitudes qui prônent « jeunisme » ou « âgisme » ont pour effet d'attaquer les attentes réciproques qui existaient, fragiles. Comment peut-on commencer, par exemple, par disqualifier les plus âgés dans l'entreprise au prétexte d'évolution de la technologie et célébrer ensuite leur expérience et leur savoir-faire pour les recueillir et les mettre au musée sous prétexte de transmission de savoirs ?

Comment une société qui valorise l'éphémère et se précipite dans un futur qu'elle prétend mesurer, maîtriser, connaître, comment peut-elle célébrer la mémoire et éduquer à la valeur du passé des enfants à qui l'on explique à grands battages publicitaires que ce qui est nouveau est forcément mieux puisque c'est nouveau ?

La culture de l'intergénération ne peut se développer que sur la base d'un rapport au temps apaisé. Croiser les générations consiste à croiser l'expérience d'époques différentes et admettre qu'une société ne peut affronter sereinement son avenir qu'appuyée sur l'analyse qu'elle fait de son histoire. Cela suppose de prendre du temps - du temps présent - alors que c'est ce dont nous disposons le moins. Avons-nous vraiment l'intention de construire cette « société pour tous les âges » que proposait l'année internationale des personnes âgées en 1998 ?

Est-il possible de nouer un rapport paisible avec le temps ? Tenter de le faire, c'est accepter de s'interroger sur la valeur que l'on accorde au temps et aux choses... Le temps nous presse, il nous manque, sans doute parce que nous lui accordons la même valeur qu'à l'argent. Nous cherchons dès lors à le retenir, à en gagner. Ce faisant, nous plaçons, dans nos vies, le temps comme un enjeu de stress, de conflit, de convoitise, de pouvoir. Entrer dans une culture de l'intergénération suppose de développer ou de maintenir une sensibilité à d'autres rythmes, à d'autres rapports au temps. Il nous faut redécouvrir le *« bon usage de la lenteur »* comme le suggère Pierre SANSOT[1], regarder l'âge non comme un handicap mais comme un bienfait et, sans doute, la fragilité comme une chance...

« La vieillesse offre seule l'occasion de comprendre, rétrospectivement, le sens des étapes antérieures » écrivait le philosophe et gérontologue Michel PHILIBERT[2]. Ce retour sur le passé serait donc le propre d'un des âges de la vie, celui de la grand-parentalité. La sérénité nécessaire et le temps indispensable sont peut-être bien le privilège de cet âge là.

---

[1] Pierre SANSOT. *Du bon usage de la lenteur*. Ed. Payot & Rivages, coll. Manuels, Paris 1998.
[2] Michel PHILIBERT. *L'échelle des âges*. Le Seuil, Paris, 1968.

Chapitre 4

DES GRANDS-PARENTS POUR INTRODUIRE AU SACRE[1]

« *Le sacré, c'est tout ce qui maîtrise l'homme d'autant plus sûrement que l'homme se croit plus capable de le maîtriser.* »

R. GIRARD[2].

---

[1] Cf. Michel BILLÉ : « Dialogue »Recherches cliniques et sociologiques sur le couple et la famille n° 158 *Les Grands-Parents* Ed Erès. Décembre 2002.
[2] René GIRARD. *La violence et le sacré.* Ed. Grasset, coll. Pluriel, Paris, 1972. P. 51.

Privilège de l'âge ? Rôle nouveau ? Fonction nouvelle ? Qu'est-ce qu'être grands-parents dans cet univers familial recomposé en réseau où connectés et générations se multiplient ? De même qu'il est utile de réfléchir à la définition et au contenu des rôles parentaux pour les vivre sereinement dans ce nouveau contexte familial, de même, il paraît utile de réfléchir aux rôles grands-parentaux pour y accéder sans angoisse excessive.

Tous ceux qui expérimentent cette fonction de grands-parents et qui jouent ce rôle de grands-parents ou quasi-grands-parents (dans des familles recomposées) éprouvent parfois des difficultés à le faire, à se situer dans ce rôle, au point d'en souffrir, d'exprimer cette souffrance, voire de renoncer à le jouer à cause, par exemple, des conflits que cela entraîne avec leurs propres enfants. Comment être grands-parents, comment jouer ce rôle, en quoi consiste-t-il ? Est-il différencié du rôle parental ? Est-ce la même chose en moins ceci ou plus cela ?

Toutes ces questions sont au cœur des rapports entre les générations. Elles se posent habituellement pour les trois générations les plus jeunes de l'édifice intergénérationnel familial, elles trouvent le plus souvent des réponses tacites, pragmatiques, improvisées, de bon sens, grâce auxquelles dans l'ensemble tout va bien et pourtant...

De peurs et d'envies... Les émotions qui vous traversent quand vous devenez grands-parents sont empreintes de peurs et d'envies. L'inconnu repousse et attire, la naissance réjouit, la vieillesse, dont la fonction grand-parentale inéluctablement vous rapproche, inquiète.

Qu'est-ce qu'être grands-parents ? Si l'on répond à cette question par un décalque du rôle parental en plus ou moins responsable, plus ou moins disponible, ce débat est vite clos ou sans grand intérêt. Si l'on cherche plutôt à ouvrir la distinction entre le rôle parental et le rôle grand-parental, si l'on accepte d'explorer cet inconnu, si l'on ne redoute pas trop l'inconfort de la question, alors on admettra que les vraies interrogations ne se jouent pas tant sur l'utilité des grands-parents que sur la fonction des grands-parents. A quoi servent les grands-parents ? A la limite, peu importe ! Bien sûr, leurs rôles, leurs apports sont précieux, utiles, délicats ! Mais, si, par malheur, ils ne peuvent plus les jouer, si, empêchés, ils perdent leur utilité, il leur reste à exercer une fonction que nous avons à leur reconnaître. La question devient non plus : à quoi servent les grands-parents ? Mais : que représentent les grands-parents ?

Cette interrogation, respectueuse de la noblesse et de la dignité des personnes, nous conduit à penser que l'exercice de cette fonction se construit dans un processus dynamique. Il s'organise à partir d'un événement qui vous échappe, qui engendre une transformation identitaire et se développe dans la transmission... du « sacré. »

Un événement qui vous échappe...

Il faut bien l'admettre, vous ne décidez pas de devenir grands-parents. Vous l'espérez, vous l'attendez, vous le redoutez, cela vous rend heureux, vous avez du mal à vous en remettre. Cela chamboule votre vie et pourtant vous n'y êtes pour rien ! Tellement pour rien que vous pouvez être grands-parents sans le savoir. Et surtout, même si vous avez harcelé vos enfants pour qu'ils se (vous) « fassent un petit », ce sont bien eux qui font ou qui ne font pas, avec plus ou moins de lucidité ou de décision, mais ce sont eux qui font. Pas vous ! D'autre part, un couple qui décide de faire un enfant décide précisément de faire un enfant, pas de faire un grand-père. Pourtant, en faisant l'un il fait l'autre et n'en a, il faut bien l'avouer, qu'une conscience très relative.

Il est rare, sans doute, qu'un couple fasse un enfant essentiellement pour que ses parents deviennent grands-parents. La situation est singulière : voici un événement qui va profondément transformer votre vie -à tous les niveaux- et pourtant vous n'en décidez pas, vous n'y êtes pour rien, cela vous échappe. Un événement est donc survenu, qu'il va falloir « habiter » et là, rien n'est joué d'avance. Cette situation singulière a deux conséquences à nos yeux : elle vous appelle à la liberté, elle vous appelle à la sagesse.
- A la liberté : Sommes-nous libres ? Et n'est-ce pas paradoxal de parler de liberté à propos de quelque chose, d'un événement qui s'impose à vous ? Justement, être libre ce n'est sans doute pas tant faire ce que l'on veut qu'exercer son choix sur des choses, des évènements, des situations qui s'imposent à nous.
- A la sagesse : Comprise comme cela la liberté devient sagesse... On dit souvent des plus âgés qu'ils acquièrent en vieillissant une certaine sagesse. Il se pourrait bien que la

sagesse des grands-parents commence dans le fait d'accepter de ne pas tout maîtriser. Il y a dans cette sagesse là non pas de la démission mais du renoncement, comme une décrispation, un relâchement qui permet de s'ouvrir aux autres, de se présenter à eux en disponibilité intérieure, et non pas toujours en attitude de maîtrise.

Accepter de ne pas maîtriser, c'est sans doute cette attitude intime de votre part qui va permettre aux jeunes parents de ne pas redouter de vous installer dans votre fonction de grands-parents.

Pour devenir grands-parents, il faut en effet, que vos enfants vous y autorisent. L'expression peut paraître étrange et pourtant... Vous ne pouvez jouer votre rôle que si vous vous sentez autorisés à le jouer, sans rivalité, sans compétition, avec les autres grands-parents en particulier. Vous êtes grand-père depuis la naissance du bébé mais vous commencez à le devenir au moment précis où, symboliquement, votre fils, gendre, fille ou belle fille dépose l'enfant dans vos bras, pour quelques instants, en lui disant : « va voir grand-père. » Instant magique où vous êtes intronisé, vous allez pouvoir commencer à exercer votre fonction, à jouer votre rôle, à vivre de l'intérieur une situation que vous n'avez pas créée.

Paradoxe des paradoxes, cette situation que vous n'avez pas créée, ce n'est pas parce que vous n'y êtes pour rien que vous n'y êtes pas pour quelque chose !

Une transformation identitaire...

Vous n'y êtes pour rien et pourtant vous allez avoir du travail à faire, sur vous-même d'abord. Ce travail consiste en une transformation de votre propre identité. De quoi parle-t-on ? Il s'agit, parlant d'identité, d'abord de l'image que l'on a de soi-même. Au cours d'une vie, on se pense jeune, adulte, parent, grand-parent, âgé, vieillard, mourant, mort peut-être. Mais il nous faut constamment actualiser cette image de nous-même. *« Un beau soir l'avenir s'appelle le passé, c'est alors qu'on se tourne et qu'on voit sa jeunesse »* écrivait Louis ARAGON[1].

Nous avons parfois du mal à actualiser cette image de nous-même, surtout lorsque notre présent nous pèse. Nous tentons alors de vivre dans le passé : « C'était tellement mieux avant! » Ou de nous précipiter dans l'avenir : « Ce sera tellement mieux quand... »

Or il nous faut bien admettre que, pour la plupart d'entre nous, le fait de devenir grands-parents survient justement dans une de ces périodes de la vie où il est difficile de bien habiter son âge. On se voudrait et l'on se croit plus jeune que l'on est mais on s'imagine bien en retraite, déchargé des contraintes du travail. L'image de soi est incertaine et la naissance du petit-enfant vient la confirmer. Certains vont alors être rassurés et vivre positivement cette aventure qui commence ; ceux là, contrairement aux apparences, prennent « un coup de jeune. »

D'autres vont refuser l'évidence de leur âge et vont alors résister à cette nouvelle définition identitaire de grands-

---

[1] Louis ARAGON. Le nouveau crève cœur. Ed. Gallimard.

parents. Contrairement aux apparences, ceux-là savent bien qu'ils viennent de prendre « un coup de vieux » qui ne tardera pas à les rattraper et contre lequel la DHEA ne pourra pas grand chose.

Pour bien se construire, cette image de soi-même doit s'élaborer dans un rapport complexe avec les autres. *« C'est dans le miroir des autres que, parfois, on se reconnaît »* écrivait Jacques PREVERT. Exister dans le regard des autres suppose que l'on réponde à leurs attentes… Attentes de rôles. Nos enfants et petits-enfants attendent que nous jouions notre rôle de grands-parents. Tout est subtil alors. Il va falloir trouver le ton juste, en n'étant ni trop ni trop peu présent. Il va falloir soutenir mais ne pas gêner ; être capable de faire mais ne pas usurper le rôle des parents ; être disponible sans être pesant ; répondre à des demandes de conseil mais ne pas juger ; laisser libre dans la détermination du projet éducatif et rester soi-même alors que, peut-être, on ne concevrait pas les choses de la même manière que les jeunes parents.

Pourtant, jouer ce rôle, et nous savons globalement le faire, va permettre d'entrer dans le statut de grands-parents et, par exemple, d'être désigné comme tel. Chacun peut avoir ses préférences, c'est légitime, mais on ne se met sans doute pas tout à fait dans le même rôle selon que l'on se fait appeler grand-père, papy, pépé, grand-papa, bon-papa ou encore par son prénom… Chaque famille a ses habitudes, sa culture, son langage et l'essentiel est sans doute de se sentir bien dans la désignation que l'on adopte. Cette dénomination est le signe du statut grand parental. Ainsi, grands-parents, nous jouons un rôle auquel les autres sont en droit de s'attendre. En retour, nous bénéficions d'un statut qui vient en quelque sorte boucler notre identité et auquel nous sommes en droit de nous attendre de la part des autres. Enviable ou non, c'est une autre affaire, ce statut est fait de douceur et de fermeté, de crainte et de tendresse, de respect, de proximité, de simplicité, de complicité, d'autorité, mais bien comprise, de cette autorité que l'on fait et qui, par conséquent, vous dispense d'essayer d'en avoir.

Une fonction à assumer...

Un rôle, un statut, une identité, voilà qui permet de remplir une fonction. On confond souvent le rôle et la fonction. Formulée de manière triviale, la question du rôle est, à peu de choses près celle de l'utilité : à quoi sert un grand-père ? Alors que la question de la fonction est plus complexe, plus profonde aussi : quand il joue son rôle et même quand il ne peut plus le jouer, que représente un grand-père ? On voit alors que, posée ainsi, cette question renvoie à la fois à la dimension réelle et symbolique de la grand-parentalité.

Cette fonction grand-parentale semble se structurer sur plusieurs axes repérables : l'enracinement, la transmission, l'inscription dans le temps et l'introduction au sacré (compris comme englobant le religieux mais ne s'y réduisant pas)

- *L'enracinement.*

Il y va de la descendance. Il y va du rapport aux origines, mais on l'aura compris, d'un rapport collectif aux origines. Pas seulement « je suis fils de... », mais « ensemble, nous descendons de... » Cette descendance qui inscrit l'enfant dans la lignée lui confère une part de son humanité : être homme c'est le fruit d'une histoire qui nous dépasse, qui a commencé bien avant nous. C'est apporter notre contribution à cette histoire qui se terminera bien après nous, du moins pouvons-nous l'espérer.

Les grands-parents inscrivent dans l'histoire. Mais ce rapport à l'histoire, au temps, est toujours inscrit dans l'espace, dans un territoire. Les grands-parents ont pour fonction de nous relier à une terre, à une région, à un pays, à un territoire où ils ont fait pousser leurs racines et où leur histoire familiale est enracinée. Plus nos enfants et petits enfants se nomadisent, plus ils auront besoin de savoir où ont poussé les racines de leur famille, dans quel terreau ou terroir s'est construite la lignée de laquelle ils descendent. Cet enracinement dans un territoire et dans une histoire est constitutif de ce qu'est une famille.

- *La transmission :*

On la sent sous-jacente dans les lignes qui précèdent. Il s'agit de transmettre l'héritage, dans tous les sens du mot. Le patrimoine immobilier et mobilier fera l'objet d'un mode de transmission particulier, très régulé par un cadre juridique qui assurera à chacun la part qui lui revient ; les notaires s'en porteront garants. Cet aspect des choses n'est jamais négligeable mais ne doit pas occulter la transmission de l'héritage culturel. En effet, une histoire, une terre, une famille, c'est-à-dire un nom, voilà qui détermine une culture d'appartenance. Cette transmission-là s'opère insensiblement dans des modes de vie, des manières d'être, des formes de langage...

Est-ce que vous « barrez » la porte ? Est-ce que vous « serrez la vaisselle » ? Est-ce que vous passez la « since » ou la « serpillière » ? Est-ce que vous pliez les draps dans le sens de la longueur ou de la largeur, et les torchons et serviettes, en trois ou en quatre ? Est-ce que vous « paraffinez » vos confitures ? Est-ce que vous trouvez l'air « un peu cru ? » Toutes ces choses que nous faisons, persuadés que nous sommes qu'elles doivent être faites comme cela, simplement parce qu'elles nous ont été transmises ainsi. Ce patrimoine culturel détermine pour chacun d'entre nous un rapport au monde construit sur des modèles de pensée qui donnent forme à notre manière de comprendre le monde qui nous entoure, à notre manière de lui reconnaître ou de lui conférer du sens, à notre manière de trouver du sens à notre propre vie.

- *L'inscription dans le temps :*

Cette culture transmise à cause d'un enracinement renvoie chacun à ses propres origines. C'est là où, s'il fallait, au fond, distinguer ce qui relève de la fonction parentale et de la fonction grand-parentale, nous aborderions, sans doute, l'essentiel. En effet, la fonction parentale est la fonction de la mise au monde : mettre l'enfant au monde, l'inscrire dans le monde qui l'entoure. Et cela peut prendre du temps ! Inscrire l'enfant dans la contemporanéité, dans la simultanéité, la synchronie, la modernité (au meilleur sens du terme), l'inscrire dans le présent. Bien sûr les grands-parents peuvent y contribuer, mais si leur fonction se limitait à cela, alors ils pourraient dire qu'elle se confond avec celle des parents et se sentir, à juste titre, dévalorisés, puisqu'ils ne seraient là que par substitution à des parents qui détiendraient, eux, la responsabilité totale de l'éducation de leurs enfants.

En fait, la fonction des grands-parents est complémentaire et, pour une part, opposée à celle des parents : c'est l'inscription de l'enfant non pas tant dans la modernité que dans l'histoire et dans l'interrogation sur les origines, sur l'avenir, voire sur l'au-delà. Si les parents inscrivent l'enfant dans la synchronie, les grands-parents, eux, ont à l'inscrire sur l'axe de la diachronie, celui qui traverse le temps, qui fait exister l'histoire, la durée, l'avant et l'après, le passé et le futur, l'origine et l'au-delà.

Cette inscription de l'enfant dans la diachronie, c'est précisément ce qui lui permettra de n'être pas dupe de la modernité du monde virtuel. C'est ce qui lui permettra de comprendre que le « temps réel » de l'informatique est profondément « irréalité » du temps puisqu'il est négation de la durée et valorisation de l'instant, de l'éphémère.

L'introduction au « sacré »...

S'interroger sur la fonction des grands-parents, c'est donc s'interroger sur le temps, l'histoire, les origines, l'au-delà, sur la vie et donc sur la mort... En effet, aux yeux de l'enfant, les grands-parents sont ceux à propos desquels ou avec lesquels, il est possible de parler de la mort et donc de se familiariser, au moins un peu, avec elle. Pour l'enfant, envisager la mort de ses parents est évidemment trop dangereux, trop angoissant. Celle des grands-parents, elle, est possible. Sans menace sur le devenir de l'enfant, d'autant que, pour lui, les grands-parents sont des familiers de la mort. « Dis, Grand-Père, quand est-ce que tu vas mourir ? » Et, parfois même, « Quand est-ce que tu vas être mort ? », Comme si, pour l'enfant, le futur n'était qu'un présent différent, qu'un état, encore.

Aux yeux de l'enfant, en effet, les grands-parents sont ceux qui, pourrait-on dire, parlent avec les morts : avec ceux qui sont morts depuis longtemps et que les grands-parents ont connu. Ils en parlent. Et avec ceux que les grands-parents ne vont pas tarder à aller rejoindre et à qui, souvent, ils parlent encore ou parlent déjà.

Les grands-parents sont ceux qui ont connu les morts, qui viennent du passé et qui vont vers l'au-delà. Voilà, sans doute, leur fonction fondamentale: introduire l'enfant au mystère, à cette part mystérieuse de l'humanité qui s'interroge sur le sens de l'histoire, sur la vie, sur la mort, sur les origines, sur l'au-delà. Quelle que soit la manière, religieuse ou non, dont nous répondons à ces questions, elles procèdent de la dimension sacrée de l'homme. Cette expression : « dimension sacrée de l'homme », peut paraître emphatique et le propos un peu exagéré. Pourtant, il s'agit exactement de cette part d'humanité que l'on ne peut jamais négliger, à plus forte raison profaner sans détruire l'homme lui-même, sans détruire son humanité. Il s'agit de ce par quoi l'homme sait qu'il est homme et tente de répondre à la question de savoir ce que c'est qu'être homme. C'est bien la dignité de l'homme qui est en jeu et cette dignité relève du sacré.

Un paradoxe à explorer...

Est-ce grave ? Oui bien sûr ! Est-ce triste ? Certainement pas ! Il n'est certainement pas triste, en effet, de penser que la fonction que l'on doit remplir, comme grands-parents, est d'amener l'enfant à se poser les questions métaphysiques les plus essentielles que puissent se poser un homme ou une femme. Ce n'est dérangeant que dans la mesure où, pour nous-mêmes, cela nous impose de nous reposer ces questions que nous préférons parfois oublier de poser : quel est pour moi le sens de la vie ? Qu'est-ce que c'est qu'être homme ?

Non seulement ce n'est pas triste mais nous savons bien que, lorsque ces questions ne sont pas mises au travail, nous ne pouvons pas longtemps vivre et vieillir sereinement. Voici alors que nos petits enfants nous apprennent à vieillir, nous offrent une chance de bien vieillir... Décidément, dès l'instant où nous sommes grands-parents nous avons à le devenir !

S'agissant de la fonction grand-parentale, comme souvent, s'agissant des relations humaines, tout est paradoxal. Nous pouvons explorer ce paradoxe en regardant les grands-parents comme les détenteurs, au moins potentiels, d'un nouveau contre- pouvoir. En effet :
- Dans une société de l'éphémère, qui valorise ce qui ne dure pas, les grands-parents, eux, durent, résistent, n'en finissent pas de mourir, prennent leur temps ; ils sont lents, stables, permanents.
- Dans une société de l'allégé, société du trompe-l'œil, qui valorise l'image, la forme plus que le contenu, les grands-parents, eux, ils pèsent : poids des ans, poids économique du

138

« problème des retraites », poids social des « problèmes liés au vieillissement de la population ».

    - Dans une société du virtuel…les grands-parents sont inscrits dans le réel et vous inscrivent dans le réel, jusqu'au questionnement sur le sens, sur les origines et sur l'au-delà, même si c'est parfois douloureux.

Grâce à cette durée, à cette lenteur, à cette inertie, à ce réel, parce que les grands-parents permettent la tendresse, parce qu'ils ouvrent l'imaginaire, et parce qu'ils invitent aux rires et aux larmes, aux interrogations essentielles, parce que tout cela procède du sacré, du mystère, chacun de nous, petits-enfants et grands-parents, pour le temps qu'il nous reste à vivre, nous pourrons ressentir confusément les difficultés de la vie et la chance que nous avons de les vivre encore.

TROISIEME PARTIE :

Retraite et dépendance

Chapitre 5

Le traitement social de la vieillesse

*« Longtemps un rêve pour la
grande majorité des travailleurs, la
retraite est devenue une aspiration :
la perspective de recouvrer sa liberté,
de jouir d'un « repos bien gagné »
grâce à la perception d'un revenu
régulier, la pension. »[1]*

Paul PAILLAT.

---

[1] Paul PAILLAT, Vieillissement et vieillesse. P.U.F. Que sais je ? 1993.

Voici donc une population qui vieillit, des familles qui tentent de réinventer le lien qui les structure, des générations multiples qui coexistent et s'enroulent sur une génération-pivot, des rapports intergénérationnels qu'il nous faut penser et repenser. Et voici des grands-parents qui ont à jouer leur rôle pendant une durée de plus en plus longue.

En effet, pour que la population vieillisse, il faut bien aussi que nous vieillissions. Chacun de nous participe au phénomène collectif à travers son propre vieillissement. Le destin individuel et le destin collectif se conjuguent. Chacun tente de rester maître de son propre destin le plus longtemps possible et pourtant nous ne pouvons, au moins pour une part, échapper au destin qui, collectivement, nous est fait dans la manière dont nous sommes socialement traités parce que nous sommes vieux. C'est cela que nous appelons le traitement social de la vieillesse. Le corps social traite ou a tendance à traiter de la même manière, ceux de ses membres qui présentent des caractéristiques identiques (ici l'âge et le nombre de personnes concernées est de plus en plus élevé). C'est ainsi par exemple que l'on produit une catégorie statistique, pratique peut-être, mais d'un intérêt limité et que cette catégorie « personnes âgées » s'impose comme un gigantesque fourre-tout susceptible d'inclure tous ceux qui ont atteint « un certain âge » !

Vous êtes dès lors devenu un senior, un membre du troisième ou du quatrième âge, une personne âgée dépendante, et, le plus souvent, un retraité.

Mais d'ailleurs, qu'est-ce qu'un retraité ? Si la notion de personne âgée est très floue et contient un amalgame peu pertinent, celle de retraité n'est pas plus précise, à une différence près toutefois, c'est qu'il y a dans la « retraite » la définition d'un statut social déterminant un type de revenu et une certaine position dans l'ensemble des rôles sociaux auxquels la personne peut légitimement avoir accès. Il s'agit en particulier du rôle professionnel que la retraite exclut, en principe, pour le retraité. Ce statut, on l'a espéré ou redouté pour soi-même au point d'oublier, déjà, qu'il résulte d'une longue histoire collective dont nous bénéficions individuellement. L'édifice, le système de retraites que l'on connaît en France s'est construit lentement, pour l'essentiel au cours du vingtième siècle, à l'aube duquel seule une personne âgée de 65 ans et plus sur dix, disposait d'une pension de retraite comme le souligne Anne-Marie GUILLEMARD[1].

A peine la construction du système de retraite s'achevait-elle que, déjà, le sens, la signification de la retraite à laquelle chacun allait pouvoir accéder, changeait à la fois pour celui qui accède au statut de retraité et pour la collectivité qui, permettant cet accès, supporte ensuite la charge d'un nombre croissant de retraités. Avec ce changement de sens c'est, pour chacun, un changement du rapport à la retraite qui semble s'être opéré et s'opérer encore. On ne vit pas la même retraite selon la représentation que l'on en a : il est donc important de s'arrêter sur ces représentations successives.

---

[1] Anne-Marie GUILLEMARD. *La vieillesse et l'Etat*. Ed. PUF, coll. Politiques, Paris, 1980.

L'aspiration au repos…

« Vivement la retraite ! »[1]

S'il fallait ne retenir qu'une seule expression pour représenter ce sens initial de la retraite ce serait sûrement celle-ci. Enfin s'arrêter, cesser le travail, se reposer. Légitime aspiration d'hommes et de femmes qui, pour reprendre l'expression consacrée, *« au terme de x années de bons et loyaux services dans l'entreprise sont autorisés à faire valoir leur droit à la retraite.* » Etre autorisé. Celui qui va partir a donc demandé l'autorisation d'exercer un droit auquel il a accès parce qu'il a cotisé et parce que les luttes syndicales ont construit ce droit, en particulier au cours du siècle dernier. Les semaines de travail étaient longues. Les congés rares, les conditions de travail difficiles, les corps étaient usés, la durée moyenne de vie n'avait pas encore atteint les espérances d'aujourd'hui.

« L'heureux bénéficiaire » partait donc se reposer. Heureux bénéficiaire ? Cela n'est pas certain, Anne-Marie GUILLEMARD nous explique que *« la classe ouvrière conservera jusque très récemment une conception négative de la retraite […]* « un droit pour les morts » *[…] La vieillesse ne sera ni attendue, ni organisée, lorsque la classe ouvrière commencera à s'intéresser à la retraite ce sera moins pour ce qu'elle représente comme avantages directs pour le salarié que pour sa famille survivante, sa veuve et ses orphelins* »[2].

---

[1] Michel CALONI. *Vivement la retraite.* Ed. du Seuil, Paris, 1979.

[2] Anne-Marie GUILLEMARD. Ibidem.

Pour lui témoigner leur amitié, ses collègues de travail se regroupaient. Le patron ou le chef d'atelier, le directeur du personnel, faisait un discours, on prenait le verre de l'amitié et grâce à une petite collecte on lui offrait un souvenir dont il aurait d'ailleurs grand besoin : un fauteuil. *« Profites-en, tu vas pouvoir te reposer… »* Il fallait en profiter, sauf exception on mourait encore jeune, les hommes surtout, et particulièrement ceux qui avaient eu des métiers exposant à des risques sanitaires. On n'était pas forcément conscient des causes de cette brièveté de la vie, on l'observait, on la savait. On avait tellement travaillé, on souhaitait tellement se reposer que l'on a vu, jusque dans les années 70, de jeunes retraités entrer précisément en maison « de retraite » pour y être déchargés de toutes contraintes et y couler des jours tranquilles, persuadés qu'après une vie de labeur le bonheur consistait forcément à ne rien faire.

Ils déchanteront pour la plupart. *« Même lorsque la retraite deviendra un phénomène dominant pour la classe ouvrière, celle-ci ne la percevra que comme cessation d'activité. La classe ouvrière appréhendera la retraite non pas en fonction des possibles qu'elle ouvre mais de ce à quoi elle met fin. La retraite sera saisie en tant que ce qu'elle autorise à ne plus faire et non pas en tant que permettant de faire »[1].* C'est la *« mort sociale »* dont parle Anne-Marie GUILLEMARD.

Ce premier schéma de pensée, cette première conception de la « Retraite - équivalent - repos » sont définitivement inscrits dans nos mentalités. Le travail est dur (objectivement ou subjectivement) nous voulons donc pouvoir profiter du temps qui nous reste. Et il en reste désormais, en moyenne, beaucoup. Mais on sent pourtant la

---

[1] Anne-Marie GUILLEMARD. Ibidem.

fin de vie prochaine, possible : reposons-nous avant de mourir, tant qu'il est encore temps. On comprend dès lors le rapport ambigu que nous entretenons avec cette période de la vie à laquelle on aspire, (c'est l'arrêt des contraintes) mais que l'on redoute, (c'est l'approche de la mort).

Nous ne tenterons pas ici d'élaborer une typologie des retraites. Celle proposée par Anne - Marie GUILLEMARD[1] reste sans doute d'actualité : retraite-retrait, retraite troisième âge, retraite-famille, retraite-revendication et retraite-participation. Il s'agit pour nous d'essayer de saisir des représentations de la retraite parce que ces représentations parlent très directement du traitement social dont la vieillesse fait l'objet.

---

[1] Anne-Marie GUILLEMARD. *La retraite une mort sociale.* Ed. Mouton, Paris, 1972.

La retraite-liberté

« Les seniors veulent rattraper le temps perdu durant leur vie professionnelle. Le programme est immense et suppose une réserve inépuisable d'énergies. »[1]

Le choc pétrolier de 1973 et ses conséquences, tout ce que l'on a nommé « la crise économique », directement et indirectement, vont changer en profondeur une partie de notre manière de penser la retraite. Le pétrole devient cher, le coût de l'énergie pour produire augmente. Les coûts de production augmentent donc, à moins de les maîtriser. Pour cela plusieurs directions sont explorées : faire des économies d'énergie, augmenter la productivité, mécaniser ou automatiser les segments de production qui peuvent l'être et enfin réduire les coûts salariaux. Ce dernier moyen va progressivement devenir un objectif en soi. Réduire les coûts salariaux c'est évidemment bloquer les augmentations de salaire, mais c'est surtout réduire, partout où c'est possible, partout où cela ne nuit pas à la production, partout où cela améliore la productivité, les effectifs en personnels. Certains de ces phénomènes sont liés également à d'autres causes que le choc pétrolier comme la mécanisation de la production. Ils ont, par conséquent, été soit amplifiés par le choc pétrolier, soit provoqués par lui.

On va donc commencer par ne pas faire entrer dans l'entreprise ceux qui auraient « classiquement » été recrutés : les jeunes. Le chômage des jeunes va considérablement augmenter. Deux phénomènes vont ensuite se conjuguer pour

---

[1] Pierre SANSOT. Ibidem. P. 20.

faire quitter l'entreprise aux plus âgés : d'une part les grilles de salaire avec augmentation à l'ancienneté - les plus vieux coûtent plus cher - et, d'autre part, l'évolution de la technologie pour améliorer la productivité, technologie à laquelle les plus vieux ne sont pas formés. La culture d'entreprise que les plus âgés pouvaient avoir et transmettre est dépassée, elle est parfois même vécue comme un handicap... Place aux jeunes !

C'est en disant « place aux jeunes » que l'on fera accepter aux plus vieux de quitter l'entreprise, de se retirer - retrait- ou d'être retirés du monde du travail. Le mot « retraite » contient, d'ailleurs, dans son origine latine : « retrahere » cette notion de tirer en arrière.

Place aux jeunes, à leurs enfants : disqualification d'une tranche d'âge et malédiction des chômeurs de plus de 50 ans. Heureusement, on va inventer, pour retirer de l'entreprise ces « vieux » ou du moins ces « plus vieux », des systèmes qui vont leur assurer une sortie honorable, mieux vécue que le chômage. La retraite va offrir une bonne porte de sortie : retraite, préretraite, retraite anticipée, P.R.P.[1], C.P.A.[2] primes de départ en retraite, indemnités compensatoires, garantie de ressources, contrats de solidarité, etc. Les plans de restructuration des entreprises vont se succéder, manière élégante de nommer ce que l'on appelait aussi « dégraissage ». La retraite est devenue un retrait, volontaire ou non. Si vous ne vous retirez pas, vous serez retiré.

Pour certains ce fut une aubaine ! Ils cessèrent le travail encore jeunes, avec un bon revenu et se lancèrent dans une

---

[1] P.R.P. : Pré Retraite Progressive.
[2] C.P.A. : Cessation Progressive d'Activité.

« retraite active » qui leur permit de développer d'autres modes d'intégration sociale incluant des activités multiples, rémunérées ou non. Pour eux, s'ouvrit alors ce que Xavier GAULLIER a appelé *« la deuxième carrière »* et qu'il a défini comme étant : *« tout ce qui concerne les «activités» de cette période de la vie, que ce soit avant ou après la retraite, que ce soit pendant la fin de carrière ou pendant le troisième âge »*[1]. Pour d'autres ce fut une catastrophe. Perdant leur emploi ils perdirent leur statut, sans y être préparés et ne retrouvèrent que difficilement une autre manière d'intégration. D'autres encore, ni heureux ni souffrants, développèrent cette sorte d'indifférence, d'individualisme que l'on reproche parfois aux retraités… *« J'ai été mis là, d'accord, qu'on m'y laisse et qu'on ne me demande rien. »*

Ces stratégies d'entreprise ne se sont pas toujours développées de façon explicite et, comme pour les masquer ou pour tromper son monde, (mais aussi parce que c'était sympathique comme cela), on a continué, au cours d'une petite fête pour le départ en retraite, à dire « qu'au terme de X années de bons et loyaux services, M. ou Mme sont autorisés… » Mais personne n'est dupe, ils n'ont rien demandé. On fera quand même une collecte mais on ne peut pas offrir un fauteuil à quelqu'un d'aussi jeune, on lui offrira donc un vélo, symbole d'une activité douce et sportive, dynamique et tranquille. Nouvelle image de la retraite, nouvelle conception du statut du retraité. « Printemps des grands-parents », printemps des retraités, pour une longue saison qui commence.

Cette longue saison qui commence, que l'on y soit entré volontairement ou non, est une saison de liberté. Sans

---

[1] Xavier GAULLIER. *La deuxième carrière, âges, emplois, retraites.* Ed. du Seuil, coll. « L'épreuve des faits », Paris, 1988. P. 26.

doute la liberté est-elle toujours relative et, pourtant, ces retraités (on dira souvent « jeunes retraités ») sont encore actifs et disponibles. Ils vont investir leur fonction de grands-parents mais ils vont investir globalement, dans tous les domaines : vie économique, vie politique, engagements municipaux, engagements associatifs, religieux, loisirs, voyages, activités culturelles, sportives, bricolage etc. Ces retraités-là sont actifs, dynamiques, mobiles. Bien sûr ils vieillissent mais ne se vivent pas comme vieux. C'est à leur sujet que les publicitaires qui inventaient, à la fin des années soixante, l'expression « troisième âge » vont renoncer à cette notion et lancer le « marché des seniors. »[1]

Où en sommes-nous ? La retraite, c'est toujours du repos bien gagné, c'est toujours de la liberté attendue, redoutée, savourée. Le choc pétrolier est loin derrière nous. On parle toujours des effets de la crise, même s'ils s'estompent, (d'ailleurs ce n'est plus tout à fait la même crise) et les plans sociaux qui, aujourd'hui, suppriment des emplois, comportent toujours des départs anticipés en retraite vécus par l'ensemble de la population comme de moindres maux, comparés au chômage des plus jeunes et même aux reconversions professionnelles.

Pourtant nous sommes en plein bouleversement et les multiples questions qui se posent sur l'avenir des retraites nous conduisent sans doute, qu'on le veuille ou non, à repenser une nouvelle fois la conception et les pratiques que nous avons de la retraite.

---

[1] Voir à ce sujet P. AlBOU : « L'image des personnes âgées à travers l'histoire. » Ed. Glyphes et Biotem, Coll. Histoire, médecine et société. Paris 1999 et P. PAILLATet coll. « Le marché des seniors » Gérontologie et société N. 76. 1996.

La retraite en questions

« La société s'accommodera beaucoup mieux qu'on ne l'imagine du papy-boom. L'organisation sociale est adaptable aux changements lents et progressifs, ce qui est le cas du papy-boom [...] Un nouveau pacte intergénérationnel ne peut se bâtir qu'à partir d'un désir des êtres de différents âges à vivre ensemble, à partager leurs expériences et leurs espérances. »[1]

A quel âge faut-il partir en retraite ? A quel âge pourrons-nous partir en retraite ? Le système de retraites par répartition[2] existera-t-il encore ? Comment le sauvegarder ? Faut-il le compléter par des solutions alternatives ? Est-ce possible sans le fragiliser ? Bref, quel est donc l'avenir des retraites ? La retraite telle que nous la connaissons a-t-elle un avenir ?

Plusieurs observations s'imposent en même temps si l'on veut réfléchir à ces problèmes, et leur simultanéité rend l'analyse plus difficile encore :

- L'âge de départ en retraite, âge théorique et réel de départ, varie considérablement selon les secteurs d'activité et même à l'intérieur d'un secteur d'activité donné.

---

[1] Robert ROCHEFORT. *Vive le papy-boom.* Ed. Odile Jacob. Paris, 2000. p. 247.
[2] Ainsi nommé parce qu'il consiste, schématiquement, à répartir entre les inactifs retraités les sommes constituées par les cotisations des actifs cotisants.

- Ces écarts considérables (de 50 à 65 ans) peuvent être regardés tantôt comme des inégalités insupportables, des injustices, tantôt comme l'exercice d'une liberté. On parlera de souplesse, de flexibilité, d'adaptation, d'avantages acquis ou d'inégalités.

- L'espérance de vie au-delà du départ en retraite est très inégale et cette inégalité s'exprime très tôt dans la trajectoire professionnelle de la personne. Ainsi pour les hommes, à 35 ans, l'espérance de vie selon l'appartenance socioprofessionnelle était la suivante en 1996 : Cadres de la fonction publique : 46 ans. Professions libérales : 44 ans. Chefs d'entreprise : 43,5 ans. Agriculteurs exploitants : 43 ans. Professeurs et professions de la santé fonction publique : 42,5 ans. Contremaîtres : 42,5 ans. Techniciens : 42 ans. Artisans : 41,5 ans. Commerçants : 41 ans. Employés : 40 ans. Ouvriers : 38 ans[1]. L'écart entre les professions les plus enviables et celles qui le sont le moins, du point de vue de l'espérance de vie, est donc tout à fait conséquent : 8 ans. On peut penser par conséquent que l'activité professionnelle constitue un facteur gravement déterminant de l'inégalité devant la mort. Il faut ajouter, pourtant, que ce ne sont pas forcément ceux qui partent en retraite le plus tôt qui meurent le plus tôt.

L'âge de départ en retraite constitue actuellement une sorte de tabou auquel il paraît difficile de toucher sans déclencher tantôt une grève de la fonction publique, tantôt un blocage des transports ferroviaires etc. Les évènements du Printemps 2003, comme ceux de 1995, en sont l'illustration. Pourtant les raisons qui, historiquement, ont conduit à fixer l'âge du départ en retraite des uns et des autres ne constituent

---

[1] Source : Quid 2003. Ed. Robert LAFFONT. Paris, 2002.P. 1573.

pas obligatoirement des raisons de maintenir les différences. Mais la logique des avantages acquis semble parfois « s'accommoder » des inégalités

    - La distinction du statut de la fonction publique et du privé par rapport à l'âge de départ en retraite n'est sans doute plus une distinction pertinente. Elle était faite pour compenser le désavantage salarial de la fonction publique. Or il n'est pas sûr que ce désavantage subsiste aujourd'hui, en tous cas pas de la même manière.

    - L'allongement de la durée moyenne de vie et notamment de l'espérance de vie à 60 ans augmente considérablement la durée moyenne pendant laquelle une personne se voit servir une retraite que les actifs doivent financer.

    - La proportion des actifs-cotisants / inactifs-retraités s'est considérablement modifiée au détriment des actifs-cotisants qui doivent, moins nombreux, servir un nombre croissant de retraites à des retraités de plus en plus nombreux :
    « De 1998 à 2040, le rapport cotisants / retraités devrait passer de 3,6 à 1,1 pour les agents de collectivités locales et de 1,7 à 0,9 pour l'immense bataillon du régime général des travailleurs du secteur privé, sans application d'un allongement des durées de cotisations »[1].

    - L'allongement de la durée moyenne de la vie s'accompagne en réalité d'une sorte de recul de la vieillesse. On est vieux de plus en plus tard, à un âge difficile à situer, et qui peut varier pour chacun. Cet âge de la vieillesse se situe, désormais, davantage vers ce que l'on appelle « l'explosion

---

[1] Robert ROCHEFORT. Ibidem.

du grand âge », le quatrième âge, que vers ce que l'on appelait il y a peu encore, le troisième âge qui semble, lui, ne plus poser de problème à personne, sinon du point de vue de l'équilibre du système des retraites.

« *Raisonner ainsi revient en fait à considérer que l'âge d'entrée dans la vieillesse recule en même temps que celui de la mort, et ce n'est pas absurde car l'espérance de vie sans incapacité progresse aussi vite que l'espérance de vie tout court, c'est-à-dire de trois mois par an... Nous nous trouvons alors devant un paradoxe. Ce qu'on appelle « vieillissement démographique » c'est-à-dire la progression du poids des plus de 60 ans (à partir de 2006, ils seront plus nombreux que les moins de 18 ans) n'aboutit pas du tout à une augmentation spectaculaire de la proportion des « vieux » dans notre société, mais plutôt à l'apparition d'un nouvel âge de la vie - entre 60 et 75 ans - qui s'intercale entre l'âge mûr de la cinquantaine et le début de la vieillesse.* »[1]

Pourquoi faudrait-il alors que ce nouvel âge gagné entre maturité et vieillesse soit entièrement consacré à la retraite et pourquoi ne pourrait-il pas être, au moins pour une part, consacré à la poursuite de l'activité professionnelle ?

- Après avoir retiré les plus âgés de l'entreprise, il semble bien que l'on s'aperçoive aujourd'hui du manque que l'on a ainsi créé, se privant d'une expérience dont on croyait ne plus avoir besoin et déséquilibrant la pyramide des âges à l'intérieur de l'entreprise. Il n'est pas banal d'observer, déjà, qu'ici et là des entreprises commencent à se demander comment elles pourraient se re-doter de l'expérience des plus vieux. Certains secteurs d'activité manquent déjà de main-d'œuvre qualifiée et compétente. Il se pourrait alors que l'on

---

[1] Robert ROCHEFORT. Ibidem.

retrouve à la vieillesse quelques vertus, la bonne question devenant celle de l'aménagement et du contenu des « fins de carrière. »

Chacune de ces observations se double de questions multiples qui toutes, finalement, attendent des « solutions » qu'il faudra bien avoir le courage politique de prendre pour « sauver le système de retraite. » Et c'est difficile : on ressent que les rapports intergénérationnels que l'on a examinés précédemment au niveau micro-social, familial, posent des questions au niveau macro-social, sociétal. La question des retraites et de leur avenir est la question centrale de la solidarité entre les générations : quelles solutions adopter pour ne pas réveiller « la guerre des âges », ne pas défavoriser les plus jeunes au profit des plus vieux ni « sauver la mise » des plus jeunes au détriment des vieux ? Comment organiser la redistribution de telle sorte que l'argent servi aux uns soit réinjecté dans le circuit économique global et que chacun, prenant conscience de cela, s'engage dans un lien intergénérationnel solidaire ?

Des traitements et retraitements

> « *Toute gérontologie devrait commencer par une « éonologie », c'est-à-dire une réflexion sur les âges.* »
> Michel PHILIBERT.[1]

On voit, à travers ces observations et analyses, comment la manière dont les uns sont traités socialement retentit sur la manière dont les autres générations peuvent se situer dans des rapports intergénérationnels non plus seulement familiaux mais sociétaux, globaux. Pourtant, la notion de traitement social n'est pas a priori évidente et mérite quelques développements.

On peut en effet regarder la vie d'une personne comme une succession, un enchaînement de traitements sociaux qui se suivent dans une logique implacable et souvent peu explicite. De l'enfance à la vieillesse, la personne est ainsi traitée et retraitée de multiples fois, elle est objet de traitements et de retraitements qui fonctionnent d'autant mieux que, n'en prenant pas conscience, elle ne s'y oppose pas ou très peu, elle s'y précipite même.

Le terme de retraitement peut ici choquer, nous le choisissons pourtant à dessein. Il est, lui aussi, dans l'air qu'on respire : la société de l'éphémère dont nous avons déjà parlé implique que l'on jette et que l'on recycle, que l'on traite et que l'on retraite. Pour choquante qu'elle puisse paraître, c'est la même logique qui s'applique aux objets et aux personnes.

---

[1] Michel PHILIBERT. Cité par A. CARLSON et J. PAQUET. *Dictionnaire des citations en gérontologie*. Ed. Erès, coll. Pratiques du champ social.

Ainsi, la naissance d'un enfant, mais il faut commencer à la grossesse, fait l'objet d'un traitement social et médico-social : traitement social à travers les prestations familiales, traitement médical à travers le suivi gynécologique. Traitement médico-social : vous ne percevez les prestations sociales liées à la grossesse puis à la maternité qu'à condition de vous soumettre au suivi médical de la grossesse. On aurait pu, et dû sans doute, faire commencer l'histoire encore plus tôt : à la fécondation qui peut, elle-même, faire l'objet d'un traitement médical, scientifique, biologico-génétique, tel que si la fécondation est impossible, elle est possible quand même. On voit ainsi comment la fécondation, la grossesse et l'accouchement sont confiés, délégués à la médecine et à la génétique.

Sitôt né, l'enfant (la petite enfance) fait l'objet d'un traitement social et médico-social. Le pédiatre a pris le relais du gynécologue et les primes de naissance ne seront perçues que si vous consultez aux dates prévues le praticien. Comme en général cela rassure les parents - et c'est bien compréhensible - ils s'y précipitent ! Ce faisant, la grossesse, la naissance, la petite enfance font l'objet d'études épidémiologiques, de politiques de prévention, et vous entrez imperceptiblement dans des études statistiques dont nous n'avez pas idée, dont, bien sûr, vous ne vous occupez pas, mais qui, à terme, s'occupent de vous.

Et voilà que ce nouveau-né grandit déjà, l'un de ses parents a peut-être pris un congé parental, mais quoi qu'il en soit, il faut bien que les deux parents reprennent le travail. Ils vont donc le confier, le placer, le « mettre » à la halte-garderie, à la crèche ou chez une « nounou », une gardienne, une assistante maternelle agréée comme il convient de dire désormais.

Ecoutons parler cette assistante maternelle, ces auxiliaires de puériculture ou ces éducatrices de jeunes enfants : elles nous expliqueront que «dans un but de socialisation il est important que vous puissiez confier votre bambin de façon régulière, pour qu'il prenne ses habitudes et développe des relations avec les autres enfants, avec le personnel». C'est de socialisation qu'il s'agit... et voilà votre enfant une première fois retraité : il était traité sur le mode médico-social, il est retraité, traité désormais sur le mode de la socialisation jusqu'à ce que l'école prenne le relais, et le voilà objet d'un autre mode de traitement social, retraité à nouveau sur le mode de la scolarisation. Et cela va durer... longtemps. 16 ans au moins, c'est légal, 18 ans sans doute puisque l'objectif assigné à l'Education Nationale c'est *« quatre-vingt pour cent d'une classe d'âge au baccalauréat. »*

Bien sûr, pendant cette longue période, les autres modes de traitement n'ont pas disparu : la médecine scolaire poursuit le traitement médico-social, la socialisation se poursuit, en famille, dans les activités sportives, artistiques, culturelles, et autres. Mais le mode majeur de traitement social c'est la scolarisation.

Il sera suivi par un autre retraitement : celui de la formation professionnelle ou universitaire. Pendant 2 ans, 3, 5, 10 ans ou plus, l'enfant, le jeune, est donc traité sur le mode de la formation. La médecine préventive universitaire continuera d'assurer la veille médicale (traitement social et médico-social), la socialisation va se poursuivre sur les bancs de l'université, dans la vie associative, sportive, militante, politique, etc. Mais pour l'essentiel le traitement social de cette jeunesse est effectué sur le mode de la formation.

Il convient pour cela d'avoir un projet professionnel, l'université apparaissant alors comme l'outil qui permet à une masse d'individus de réaliser tous ensemble et en même temps leurs projets personnels[1]. L'ouverture de l'école puis de l'université sur le monde du travail, les liens avec les entreprises du bassin local apparaissent comme les garanties de l'adaptation de l'outil aux projets individuels. Tout se mélange alors, on confond compétences et qualifications, les objectifs pédagogiques deviennent opérationnels. On est en formation, même à l'université, pour acquérir *« des savoirs, des savoir-faire, des savoir-être. »*

Bardés ou non de diplômes (et ce n'est pas équivalent bien sûr !) ces jeunes gens vont donc vouloir entrer dans le monde du travail. Il se peut d'ailleurs qu'ils y parviennent sans difficulté. Ils font alors l'objet d'un traitement social sur le mode de la professionnalisation, de la mise au travail professionnel. A moins qu'ils ne soient obligés de passer par les mesures de « traitement social » du chômage… Et les voici, en emploi-jeunes, en contrat emploi solidarité, en contrat consolidé, en contrat qualification ou autres mesures d'accès à l'emploi. Ils font l'objet du traitement social non pas tant du chômage, bien sûr, mais du chômeur !

Leur statut va évoluer sans doute et les voici, comme leurs congénères, traités, re-traités sur le mode de la mise au travail, enfin intégrés au corps social à part entière. La médecine du travail assurera la veille médicale, la prévention des risques, etc. Traitement médico-social de la force de travail… Il se peut même - on leur souhaite - que cette situation dure et s'améliore. Il se peut aussi qu'une rupture se produise et qu'ils soient, une première fois, traités, re-traités

---

[1] Voir sur ce thème : Jean-Pierre LE GOFF. *La barbarie douce*. Ed. la Découverte, coll. Sur le vif, Paris, 1999.

sur le mode de l'inactivité professionnelle. Ils « bénéficieront » (le terme est merveilleux !) des mesures de retour à l'emploi, nouvelle manière de traiter et re-traiter des populations que le monde du travail ne peut pas, pour l'instant, intégrer.

Et puis ils retrouveront du travail, sans doute, connaîtront à nouveau, peut-être, des périodes de chômage, entreront éventuellement même dans la catégorie des demandeurs d'emploi de longue durée. Ils seront de multiples fois traités et re-traités jusqu'à ce que, les années ayant passé, ils puissent entrer dans des dispositifs de départ anticipé à la retraite ou bien, qu'ayant totalisé le nombre d'années de cotisation requis, ils puissent être traités (même avec leur consentement réjoui) définitivement sur le mode de l'inactivité professionnelle. On appelait cela, jusqu'à présent, la retraite. Ce n'est qu'un traitement, retraitement parmi d'autres.

D'ailleurs, ce n'est pas terminé, jeunes retraités on les attend dans les associations où le traitement sur le mode de la socialisation, d'une certaine manière se poursuit. Puis ils vont vieillir, beaucoup vieillir, peut-être, ils entreront alors en institutions spécialisées ou seront soutenus, aidés à domicile : traitement social et médico-social de la vieillesse. La boucle est presque bouclée : pour mourir ils seront hospitalisés : traitement médical de la mort et de l'ultime phase de la vie.

Pour garantir la qualité du traitement médical de la maternité et de la petite enfance on a inventé le pédiatre, grâce à lui la mortalité infantile a incroyablement baissé… A cause de lui l'enfance est un peu devenue une maladie dont il nous faudrait guérir…

Pour surveiller la qualité du développement psychologique de l'enfant et mesurer ses performances intellectuelles et son autonomie, on a inventé le psychologue et ses batteries de tests. Auprès de lui nombre d'enfants ont trouvé le soutien thérapeutique qui leur a permis de ne pas décrocher du parcours ordinaire... A cause de lui nombre d'enfants ont été étiquetés et exclus parfois des processus ordinaires d'intégration...

A l'autre bout de la vie on a inventé les professions équivalentes : le gériatre, spécialiste des maladies liées à la vieillesse, assure une prise en charge médicale globale de la personne très âgée. Sa formation et sa démarche particulière lui permettent de comprendre comme signe, comme symptôme, des indices qui échappent à l'œil moins exercé. A l'inverse il se pourrait bien qu'il contribue, malgré lui, à faire de la vieillesse une maladie, dans les représentations que nous en avons, puisqu'il y a désormais un médecin pour la soigner. Le gériatre n'est pas seul. Le gérontologue, comme le psychologue, arrive pour mesurer la dépendance, la perte des facultés intellectuelles, et les tests, ici on parle plutôt de grilles, ne manquent pas : Géronte, A.G.G.I.R.[1] etc.

Si le pédiatre l'estime nécessaire il enverra l'enfant consulter son confrère, psychiatre : pédopsychiatre devrait-on dire. Si le gériatre l'estime nécessaire il enverra le vieillard consulter son confrère, psychiatre : gérontopsychiatre, devrait-on dire.

Le parallèle est saisissant et suffit, si on le laisse un peu parler, à dire le traitement social et médico-social dont l'homme, quel que soit son âge, fait ou peut faire l'objet. On a alors deux réactions contradictoires : on se réjouit, bien sûr,

---

[1] A.G.G.I.R. : Autonomie Gérontologique Groupe Iso Ressources.

qu'il existe tant de choses pour faire du bien, notre bien. Et puis on prend peur, on étouffe, on se sent objet manipulé et on l'est ! Objet de traitements et de re-traitements multiples dont la « retraite », telle qu'on l'entendait jusqu'alors, n'est qu'une forme particulière.

On peut encore la célébrer, l'arroser, faire des discours et laisser penser que celui qui part l'a choisie. C'est encore vrai parfois, en ce sens qu'il se peut que son propre projet de vie coïncide avec le traitement social dont il fait l'objet. Si c'est le cas, le retraitement s'enclenche en douceur, sinon il est immanquablement accompagné de souffrance. Dans ce mécanisme de retraitement la personne concernée a, quoiqu'elle pense, perdu l'initiative : elle est objet d'un traitement. Il s'agit de traiter des masses de population de différentes manières et de leur attribuer dès lors un statut en fonction de certains critères. On peut en citer quelques uns : l'âge, la santé, l'aptitude au travail, la performance intellectuelle ou physique, le nombre de places disponibles sur le marché de l'emploi, à l'université, les sommes disponibles dans les caisses d'assurance chômage, maladie ou vieillesse, le nombre de lits disponibles à l'hôpital ou à l'établissement d'hébergement pour personnes âgées dépendantes.

Objets de traitements sociaux, nous sommes ainsi retraités un jour au prétexte de notre âge. C'est sans doute parce que nous sommes toujours prêts à croire qu'il peut y avoir coïncidence entre nos aspirations et ce traitement dont nous sommes l'objet que nous ne nous révoltons pas et que nous acceptons, bon gré, mal gré, de n'être un jour que des participes passés: des retraités. C'est aussi parce que nos aspirations et ce mode de traitement, souvent, coïncident mal, que nos débuts de « retraite » aux uns et aux autres sont parfois si douloureux à cause du statut et des relations que nous perdons, des rôles que nous aimions et ne pouvons plus jouer, à cause tout simplement de l'évidence que nous vieillissons.

Il nous faut alors changer notre manière de penser la retraite. Il nous faut, au fond, refuser d'être ainsi objet de retraitement. Il nous faut refuser d'être ce retraité et décider de devenir, participe présent, un retraitant, c'est à dire quelqu'un qui retraite - traite différemment - son rapport au monde. Quelqu'un qui traite différemment son rapport au travail, à l'argent, au temps libre, au sommeil, au repos, à son corps, à la sexualité, aux autres, à ses enfants et petits-enfants, à la spiritualité, à l'engagement politique, à l'âge, à la maladie, à la santé, aux soins, à la culture, aux loisirs et, finalement, son rapport à la vie et à la mort. Il est bien clair qu'il ne peut pas y avoir pour cela une période réservée et que cette philosophie implique que l'on commence tout de suite, quel que soit notre âge, parce que vieillir n'attend pas, parce que vieillir c'est opérer ce retraitement et qu'à ce prix, vieillir c'est vivre.

Il y a peu de chances pour que cette conception de la retraite préside clairement aux destinées de l'évolution du système de retraites. Pourtant, elle nous fournit quelques repères qui pourraient devenir précieux: l'allongement de la durée de vie ouvre durablement, pour la plupart d'entre nous, une période significative: *« Le nouvel âge [...] espace nouveau entre, d'une part, les problèmes d'emploi liés à l'âge et le départ des enfants de la maison parentale, et, d'autre part, les problèmes de santé et la perte d'autonomie progressive. »*[1] Repenser la retraite, c'est repenser le rapport au travail et donc le rapport au temps pour le travail.

---

[1] Xavier GAULLIER. Ibidem.

C'est vrai individuellement, c'est vrai collectivement. En ce sens, le problème à traiter en priorité est celui du chômage. C'est là que se trouve une partie des solutions aux problèmes que va engendrer l'accroissement du nombre de retraités. Moins il y aura de chômeurs plus il y aura de cotisants.

Repenser le rapport au travail, c'est aussi repenser le rapport au temps de travail. Ainsi, diminuer le temps de travail de 40 heures à 39 heures, puis de 39 à 35 et 32 heures peut-être, c'est une manière de distribuer différemment l'alternance entre le temps d'activité professionnelle et le temps d'inactivité professionnelle. Dans cette perspective là, le temps chômé n'appartient plus aux chômeurs, c'est le temps de la collectivité qui le répartit non plus sur un volant de chômeurs incompressible mais sur la totalité de ses membres qui de ce fait, chôment tous quelques heures par semaine ou par mois, mais vivent ce chômage-là comme un gain de temps libéré.

Repenser le temps de travail c'est, au long d'une vie, repenser l'alternance du temps au travail, du temps en formation, du temps en repos, du temps inactif, etc. Les modèles qui sont les nôtres peuvent évoluer. Si les années sabbatiques devenaient des « années de retraite prises tout de suite » (avec le revenu que la personne percevrait si elle était en retraite) peut-être attireraient-elles plus d'adeptes. Ceux-ci seraient remplacés provisoirement par des chômeurs qui deviendraient des cotisants. On pourrait ainsi imaginer que deux à trois fois au long d'une carrière professionnelle un salarié s'ouvre le droit à une année ou une demi-année de retraite. Pour reprendre une formation, avoir un enfant, construire sa maison, écrire une thèse, un livre, voyager, se reposer... vivre. Bien sûr celui qui aurait bénéficié de cela deux ou trois fois ne cesserait, en fin de course son activité que deux ou trois ans plus tard. Tous n'aimeraient pas mais personne ne serait contraint. Si cela ouvrait, chaque année, quelques dizaines de milliers d'emplois ce serait évidemment appréciable. On voit ici combien il nous faut penser les solutions aux questions posées par les retraites en les décentrant des bénéficiaires actuels et à venir, en les posant de manière inter-générationnelle et en admettant que solidairement, on ne règle pas les problèmes des uns sans régler les problèmes des autres. Bien sûr on augmentera les cotisations, c'est pour une part inévitable, mais il faut d'abord penser à augmenter le nombre de cotisants.

Fera-t-on appel aux fonds de pension, à la capitalisation? Tout est fait pour nous y préparer et si le fonds de réserve qui était de 20 milliards de francs (en l'an 2000) ne parvient pas à passer à 2000 milliards en 2020[1], ceux qui auront capitalisé seront beaucoup mieux lotis que les autres. D'ailleurs ils seront de toutes façons beaucoup mieux lotis !

Mais justement, qu'adviendra-t-il de ceux qui n'auront pas pu capitaliser ? Une rupture dans la solidarité nationale et inter-générationnelle s'introduit exactement à cet endroit. Sans doute, et plus globalement, pouvons-nous admettre que nous ne résoudrons les questions posées par le nombre croissant de retraités qu'à condition à la fois de réduire des différences peu justifiables et inacceptables - entre des profils de salariés tout à fait comparables (il faudra bien, par

---

[1] Robert ROCHEFORT. Ibidem, explique « *qu'il faudrait doter ce fonds de 670 milliards en 20 ans pour qu'avec la capitalisation des intérêts il atteigne les 1000 milliards* ». Les 1000 milliards complémentaires proviendraient de sources multiples : Caisses d'Epargne, caisse vieillesse, contribution sociale de solidarité des entreprises, prélèvement de 2% sur les revenus du patrimoine, etc.

exemple, que les fonctionnaires cotisent pour la même durée que les salariés du secteur privé) - et d'ouvrir des pistes multiples qui permettent à chacun de tracer la trajectoire qui lui convient le mieux. Le moins injuste devient bien non plus de déterminer un âge de départ théorique (auquel beaucoup dérogent) mais une durée minimale incontournable de cotisations, chacun gardant sur la distribution de cette durée dans le temps une relative maîtrise.

On le comprend alors, prendre sa retraite ce ne peut pas être partir. On reste, bien sûr, mais différemment, dans un autre rapport au monde. Prendre sa retraite ce ne peut pas devenir « être mis à la retraite.» Il y a dans ce traitement-là l'image horrible du traitement du superflu, des déchets, de l'inutile pour ne pas dire pire... Prendre sa retraite c'est évidemment être actif : c'est faire. On devrait dire faire sa retraite, faire son propre retraitement (seul, en couple, en famille) du rapport que l'on a avec ce à quoi l'on tient le plus : la vie et ceux que l'on aime parce qu'ils l'embellissent.

Du placement au service

> « *Assis pendant des heures dans le couloir de la maison de long séjour, ils attendent la mort et l'heure du repas.* »
> *Christian BOBIN.*[1]

Le traitement social de la vieillesse ne se réduit pas, bien entendu, à la manière dont on permet aux plus âgés de cesser le travail ou à la manière dont, parfois, on les y contraint. Il ne se réduit pas non plus à la manière dont, tant que la vie le leur permet, ils évoluent dans un environnement social, économique, culturel, familial, plus ou moins favorable. Il nous faut, pour entrer complètement dans la problématique du traitement social de la vieillesse, regarder comment sont traités les plus vieux dès lors qu'avec l'entrée dans le grand âge, les problèmes, parfois surgissent, surprennent, désarment et semblent insolubles, dramatiquement.

La seconde moitié du vingtième siècle a vu se succéder plusieurs logiques organisatrices des réponses socialement apportées aux questions posées par la vieillesse et sa « prise en charge. » Nous sommes passés d'une logique à une autre presque sans nous en apercevoir et pourtant, quelle formidable évolution !

Cette évolution paraît plus intéressante encore à observer si on la compare à d'autres. Cela permet, en effet, de faire apparaître des lignes de force communes qui donnent à comprendre comment la société a traité ses vieux non seulement parce qu'ils étaient vieux mais parce que cette

---

[1] C. BOBIN. « *La présence pure* » Ed. Le temps qu'il fait. Cognac, 1999. P. 21.

vieillesse-là dérangeait, perturbait, sortait des normes sociales admises. Un traitement de fait, quel que soit ou quel qu'ait été le discours qui l'accompagnait.

De ce point de vue, la comparaison entre le monde de la vieillesse et celui du handicap, de l'enfance inadaptée (pour reprendre l'expression consacrée par exemple par la « convention collective de l'enfance inadaptée » de 1966) est tout à fait éclairante. Voici deux univers, deux mondes professionnels, celui de la vieillesse et celui du handicap, de la déficience, qui se sont développés de manière parallèle, cloisonnée, pratiquement en même temps. Ils ont adopté - toutes proportions gardées - des formes de réponses proches ou identiques. Aujourd'hui, parvenus, provisoirement au moins, au terme de cette évolution, ils se regardent, s'observent et comprennent qu'ils auront à se parler. En effet, les problèmes qu'ils auront à résoudre ne sont pas, sans doute, de nature différente. Ils sont « mis en scène » différemment mais concernent parfois très directement ces deux mondes en même temps et à propos des mêmes personnes (problème du vieillissement des personnes présentant une déficience intellectuelle, par exemple.)

De 1950 à nos jours, nous pouvons donc observer, pour chacun de ces deux univers professionnels et de ces deux champs de préoccupations, une évolution visible sur plusieurs points d'application. Nous ne retiendrons que ceux qui nous semblent les plus significatifs ou les plus déterminants du traitement social que nous tentons de mettre en évidence:

- les formes institutionnelles majeures
- le statut des personnes
- le statut des familles.

Pour chacun de ces points d'application nous verrons se dessiner progressivement des formes de réponses nouvelles. Celles-ci ne disqualifient jamais complètement les formes précédentes. Elles les transforment, les font évoluer. L'évolution est lente, la nouveauté provoque parfois crise, conflit, résistance, souffrance et finalement mieux-être, amélioration de la qualité du service ou de la prestation fournis. Globalement, cette transformation est marquée par une augmentation constante - même s'il reste beaucoup à faire - de la capacité à respecter les personnes et à leur apporter des réponses adaptées à leurs choix de vie. Il faut dire que l'on partait de tellement loin !

La transformation des formes institutionnelles est sans doute la transformation la plus spectaculaire. Elle suivra deux logiques successives : une logique du placement, puis une logique du domicile.

1950 : Les vieillards sont peu nombreux. Les guerres et la rudesse des conditions de vie de certaines fractions du corps social ont fait en sorte qu'il en soit ainsi. L'espérance de vie est encore loin du niveau de celle d'aujourd'hui. Les formes de vie familiales permettent, le plus souvent, une sorte d'intégration « naturelle » des personnes âgées. Cela ne veut pas dire qu'il n'y a pas de problèmes à traiter mais ils se traitent le plus souvent en famille. Dans les autres situations, aux limites de capacité ou de volonté des familles, en l'absence de milieu familial disponible et accueillant, c'est l'hospice qui recueille les vieillards. Les conditions de ce recueil sont parfois innommables, mais c'est ainsi ! On s'estime heureux d'avoir, à l'hospice, une place pour le vieillard qui, par sa maladie, ses troubles du comportement, sa démence, n'est plus ni « acceptable » ni accepté dans le milieu social. On sait qu'à l'hospice la promiscuité est détestable mais la surveillance est efficace. On ne souhaite à personne d'y aller, d'ailleurs personne ne veut y aller, et pourtant quelques-uns y terminent leur vie dans les pires conditions. Chacun se console de l'indignité de traitement en espérant ou en se persuadant qu'ils ne se rendent pas vraiment compte de ce qu'ils vivent.

Il se pourrait bien que les vieillards, à l'hospice, côtoient quelques personnes handicapées qui (pour les mêmes raisons, au fond, mais souvent beaucoup plus jeunes) ont été placées à l'hospice, faute de solution mieux adaptée.

On compte, pour elles aussi, sur leur incapacité au moins partielle et supposée à comprendre ce qui leur arrive pour qu'elles acceptent le sort qui leur est fait. Ces handicapés ou déficients sont « fous », « débiles », « arriérés », « simples d'esprit » ou « simplets », alors ils peuvent rejoindre tous ceux que cette société ne sait pas ou ne sait plus retenir en son sein.

Heureusement, le scandale de l'hospice ne durera pas. Il faudra cependant plusieurs plans successifs de « transformation des hospices » et d'humanisation des hôpitaux pour en venir à bout. On ne peut d'ailleurs s'empêcher de souligner qu'un plan d'humanisation est d'abord l'aveu d'un état de déshumanisation ! Quoi qu'il en soit, médecins, soignants, intellectuels, politiques prendront conscience de l'insupportable et feront évoluer la situation.

On quittera progressivement l'hospice pour le service de long séjour, à moins que la maison de retraite n'ait ouvert ses portes. C'est, en effet, la maison de retraite qui apparaît, après l'hospice, comme la forme institutionnelle majeure. Les années soixante et soixante-dix vont voir le début de la multiplication des constructions d'établissements, sous leur différents statuts: publics, privés, à caractère lucratif ou non.

La conception dominante de la retraite c'est le repos. L'exode rural a distribué les familles sur des territoires de plus en plus grands. La durée moyenne de vie augmente. On commence à penser prévention en matière de vieillesse: une maison de retraite, pour vivre sa retraite, s'y faire assister « s'y faire servir », sur l'illusion qu'une bonne fin de vie est une fin de vie sans soucis, sans histoires, presque sans histoire. Alors la « compétition » est ouverte. Objectif: créer des places, trouver une place, avoir sa place, la retenir, la réserver... La place. Obsession de la place, logique de la place, comme si le placement ne commençait pas d'abord par un déplacement ! A y regarder de plus près, d'ailleurs, on observe que, s'agissant de ces établissements, on parle davantage de « lits » que de « places », manière, volontaire ou non, de signifier que la place assignée aux personnes âgées est le lit qu'il serait raisonnable qu'elles ne quittent plus. C'est comme cela que subtilement, dans les représentations que nous en avons, les personnes âgées deviennent des patients, des malades. Au lit en attendant la mort ! Comment les convaincre, ensuite, que la vieillesse n'est pas une maladie ?

Dans le même temps, la France s'équipe en établissements d'accueil et d'éducation spécialisée pour les enfants et les adolescents (plus tard pour les adultes) déficients ou handicapés. Sous la pression des associations de parents, en effet, les pouvoirs publics vont progressivement financer des places en I.M.E., en I.M.Pro[1]. et, plus tard, en foyer d'accueil ou d'hébergement. Des places: logique du placement. La forme institutionnelle majeure n'est plus l'hospice et pourtant, dans sa conception-même, elle reste lieu d'internement. Bien sûr on ne le dit pas tout à fait comme cela, mais on parle d'internat pour les enfants et les adolescents (pour les adultes aussi parfois!) et l'on parle de pensionnaires dans les maisons de retraite! Des pensionnaires en internat, que vous soyez vieux ou déficients, c'est, au fond, le même traitement et ces institutions-là, qui internent, sont toujours faites de contraintes et de vie collective.

---

[1] I.M.E. : Institut Médico-Educatif. I.M.Pro. : Institut Médico-Professinnel.

175

Les effets de mai soixante-huit, la mise en cause des institutions et de leurs règlements souvent abusifs, la souffrance des personnes ainsi « internées » et des personnels, parfois, permettront de passer à une étape nouvelle : le modèle de l'internat va laisser la place au modèle du semi-internat. Pour l'enfance, c'est flagrant: les familles, on les comprend, vivaient mal d'être séparées de leurs enfants. Ces séparations n'avaient pas de fondement. Les parents étaient de plus en plus gestionnaires des établissements à travers des associations comme les « Papillons Blancs » ou les A.D.A.P.E.I[1]. Il était donc logique que l'on se dirige progressivement vers une institution qui reconnaisse la famille. La forme du semi-internat permet l'aller et le retour, l'entrée et la sortie, la respiration.

Il en va de même pour les vieux: le « logement-foyer » va succéder à la « maison de retraite. » Certes, on déclare, au début, que la population accueillie ne peut pas être la même, et puis, les années passant, les différences s'estomperont et l'on médicalisera les logements-foyers pour éviter aux personnes dont l'état de santé se dégrade de se voir imposer un nouveau traumatisme de déplacement et replacement. L'idée maîtresse est, en fait, que, dans le logement-foyer, le statut des personnes n'est pas le même parce que l'institution n'a pas le même caractère contraignant que la maison de retraite. Comme pour résister à cette évolution, on verra souvent une inversion des termes et l'on parlera de « foyer-logement », le caractère collectif de l'institution prenant le pas sur la liberté individuelle de la personne dans son logement

---

[1] A.D.A.P.E.I. : Association Départementale des Amis et Parents d'Enfants Inadaptés.

Qu'on le veuille ou non, personne ou presque ne va de gaieté de cœur dans ces établissements. Alors dès 1975, Simone Weil, ministre de la santé et René Lenoir[1], secrétaire d'Etat aux affaires sociales, orientent les politiques sociales et médico-sociales vers la reconnaissance du droit pour tous à vivre en milieu ordinaire de vie. La loi de 1975 sur les institutions sociales et médico-sociales et la loi dite d'orientation en faveur des handicapés y contribueront fortement à leur manière.

Cette liberté marque un tournant. Il faudra du temps pour le négocier complètement mais la « logique du placement » cédera devant la « logique du domicile », la logique de l'institution cédera devant la logique du service.

Pour les personnes déficientes on invente, par exemple, le S.E.SA.D. (Service d'Education et de Soins A Domicile); on parle de travailler en milieu ouvert ou mieux, en milieu « naturel » ou « ordinaire »; on développe des « services de suite » ou « d'adaptation progressive en milieu naturel », qu'il s'agisse du milieu familial, scolaire ou professionnel. Il faudrait encore parler des classes intégrées, intégrantes, en milieu ordinaire de scolarisation etc. Quoi qu'il en soit, les murs de l'institution ont lâché, on parlera même, ici ou là, d'internat « hors les murs. »

Et pour les personnes âgées ? Deux services seront emblématiques de cette évolution : le service d'aide ménagère et le service de soins infirmiers à domicile. Ils seront la clef, les clefs du formidable dispositif de « maintien à domicile » qui s'invente progressivement et offre une alternative à l'entrée en établissement.

---

[1] René LENOIR, auteur de « Les exclus ». Ed. Le seuil, Paris, 1974.

Aujourd'hui, une double transformation, au moins, reste à accomplir. Pour le domicile, il s'agit de passer du « maintien à domicile » au « soutien à domicile » ! C'est fondamental du point de vue du respect de la citoyenneté des personnes. Si vous me soutenez, je garde l'initiative sur ma vie, malgré les risques et difficultés que cela comporte. Si vous me maintenez (et d'ailleurs de quel droit?) c'est vous qui détenez l'initiative dont je suis dépossédé. Est-ce légitime ? Dans l'esprit au moins, l'A.P.A. (Allocation Personnalisée d'Autonomie) doit pouvoir contribuer à cette évolution.

Pour l'établissement, il s'agit d'entrer dans une démarche dite « de qualité » qui lui permet de se faire reconnaître comme E.H.P.A.D. (Etablissement d'Hébergement pour Personnes Agées Dépendantes). L'augmentation du niveau de formation et de qualification des personnels, y compris des personnels de direction, est une des pièces maîtresses de cette transformation. C'est en effet à cette condition que la transformation ne sera pas que de façade et que les protocoles en tous genres de la « démarche qualité » ne l'emporteront pas sur la qualité de la démarche. Il reste un formidable travail à accomplir.

- Le statut des personnes.

On s'en doute, la forme de l'institution est déterminante du statut des personnes qui y vivent, tout comme le regard que nous portons collectivement sur elles. Ainsi quand l'institution se transforme, les statuts se transforment aussi.

A l'hospice, le statut de la personne âgée ou déficiente est, à tout le moins, peu enviable. Elle a le statut du « fou », du malade, du dément, du marginal, de l'exclu. Porteuse du mal, elle est enfermée pour le contenir, un mal qui lui est dévolu, attribué, qu'elle détient, et dont elle est, au fond, coupable. Les mots pour le dire ne sont pas tendres : « tarés, fous, déments »... Ce statut dégradé, et dégradant est assorti de traitements dégradants eux aussi : tutoiement non consenti, et non réciproque, ordres, privations alimentaires ou vestimentaires, contentions abusives, toilettes sans intimité, etc.

Bien que la maison de retraite reste le plus souvent sur une logique d'internement, la rupture avec l'hospice est suffisamment forte pour permettre un statut non pas idéal mais amélioré de manière significative. La personne âgée devient, nous l'avons vu, pensionnaire et si, pensionnée, elle se plaint de n'avoir pas touché sa pension ou sa rente, elle se réjouit des efforts d'animation (même dérisoires, parfois) et de soins qui sont développés dans l'établissement.

Il faudra du temps pour que, dans les faits, on admette sa participation au conseil d'établissement mais, c'est important, elle y siègera de plein droit et pourra, au besoin y être représentée et surtout entendue.

Le « long séjour », quant à lui, conservera le plus souvent à la personne son statut de malade, de patient. L'imprégnation de la culture médicale et hospitalière restera, à tort ou à raison, très active et le personnel dans son ensemble restera du personnel de formation soignante. Ces pensionnaires ou ces patients feront de surcroît l'objet de catégorisations supplémentaires, officielles ou non. On verra ainsi les établissements « ranger » par étage, en fonction des commodités de service, les « valides », les « semi-valides » et les « invalides ». On saura même inventer des critères de classement médicalement certifiés et qui, au prétexte de scientificité, donneront lieu à des financements particuliers dans des « sections de cure médicales ». Merveilleuse technique comptable et administrative qui vient confirmer le statut des vieux… On pratiquera régulièrement des « coupes transversales » qui permettront de vérifier si tout est bien rangé et si le système ne coûte pas trop cher à la sécurité sociale ou à la collectivité.

Pour « ranger » les vieux on les a classés. On a fait la même chose avec les enfants déficients et la classification n'est pas plus élégante, loin s'en faut. On a vu les « psy » des années soixante et soixante-dix calculer des Q.I. (Quotients Intellectuels) en fonction desquels les enfants devenaient « éducables », « semi-éducables » ou « inéducables ». Le parallèle entre validité et éducabilité, semi-validité et semi-invalidité, invalidité et in-éducabilité est saisissant. Pourtant, quelles que soient les réserves que l'on peut avoir sur ce genre de classification, le statut des personnes déficientes dans les établissements pour enfants ou dans les foyers d'hébergement pour adultes n'avait plus rien à voir avec ce qu'il était à l'hospice.

Bien sûr le tutoiement est resté, abusif souvent, mais familier et amical d'abord. De même que les « papy et mamy » dont ont été affublés les vieux, dès l'instant où ils vivaient en collectivité, étaient détestables et pourtant plus « bêtes » que méchants, de même la manière de nommer les personnes déficientes n'était pas toujours respectueuse.

Cependant, et c'est fondamental, la personne déficiente n'a plus été considérée comme tarée, les notions de handicap et d'inadaptation sont venues se substituer à la précédente conception du mal. Elle a dès lors été considérée davantage comme une victime à protéger que comme un coupable plus ou moins dangereux à écarter ou à châtier.

Le semi-internat permettra de poursuivre cette évolution et les « personnes placées » deviendront « hébergées », de la même manière que dans les logements-foyers, elles deviendront des « résidents. » A choisir, il vaut mieux être résident que pensionnaire, le statut est plus enviable. Ce terme de résident est, sans doute, dans l'histoire des deux mondes professionnels dont nous essayons d'écrire l'évolution, le premier terme que ceux-ci partageront massivement.

En même temps que le pensionnaire est devenu résident, son statut a changé au niveau économique. Il a droit à percevoir une allocation logement, il paie un loyer et des frais d'hébergement. Avec son statut, celui de son argent a changé et la maîtrise qu'il en a (directement ou indirectement par le biais d'une mesure de protection-tutelle) a changé aussi. Le conseil d'établissement lui donne la parole, il entre, il sort, il part en vacances: il vit !

Ou presque. Car il reste des évolutions non négligeables à insuffler et à accomplir. Il ne suffit pas d'être devenu résident et de ne plus être tout à fait objet de placement, encore faut-il être considéré comme un citoyen, un vrai, avec des droits et des devoirs !

A domicile, c'est l'enjeu du passage du « maintien » au « soutien », nous l'avons vu. En institution, c'est l'enjeu, pour les personnes âgées comme pour les personnes déficientes ou handicapées, de l'accès aux droits ordinaires : droit à l'information, à la circulation, aux relations sociales, à l'intimité, au secret, à la vie affective et sexuelle, à la culture, à la spiritualité, à la vie politique etc. C'est complexe, bien sûr, mais il reste, dans ce domaine aussi, de formidables défis à relever.

- Le statut des familles.

Même si cette question peut paraître moins centrale, il est intéressant de prendre conscience du fait que les changements de formes institutionnelles ont des effets sur le statut dans lequel sont tenues les familles. Bien sûr, on ne parle pas tout à fait des mêmes familles puisque, s'agissant des personnes âgées, on parle plutôt de leurs descendants alors que, s'agissant des personnes handicapées ou déficientes, on parle plutôt de leurs ascendants ou de leurs collatéraux.

L'hospice, volontairement ou non, disqualifiait la famille. Elle y était inexistante, soit parce que de fait, elle n'existait pas, soit parce qu'elle était déclarée inexistante, incapable ou insalubre. Pour le vieillard on parlera de sa fille en disant qu'elle est « indigne » et pour la personne déficiente on cherchera chez ses parents la tare transmissible, l'alcoolisme, la syphilis ou autre mauvaise vie pour expliquer le handicap.

Tant que durera la logique d'internement, de placement, d'internat, la disqualification familiale va se poursuivre. On va ainsi culpabiliser les enfants (surtout les filles et les belles filles) qui ne « prennent pas leurs parents âgés chez eux. » On va culpabiliser aussi les parents de personnes déficientes en leur faisant comprendre qu'ils sont les auteurs -fautifs- du handicap. On chantera alors les vertus de la rupture, de la distance, pour justifier le placement au prétexte de protéger l'enfant d'un milieu familial taré, perverti, pathogène. Indigne ou pathogène, voilà le statut dans lequel sont tenues les familles disqualifiées dans la première logique, celle du placement.

Heureusement, l'aller et retour entre l'intérieur et l'extérieur de l'institution (qu'il s'agisse de l'I.M.E. ou du logement-foyer dont on peut aussi entrer et sortir librement) ne peut se faire sans reconnaître la famille dans ce qu'elle est, dans les compétences qu'elle déploie. Elle sera reconnue de différentes manières : on lui parle, on l'invite, on lui rend visite, elle siège au conseil d'établissement... Pour le monde du handicap, les annexes vingt-quatre[1] et leur réforme exigeront progressivement qu'elle soit au moins informée, associée, aidée. La vie en établissement ne pourra plus se concevoir sans laisser une certaine place à la famille.

L'évolution est exactement convergente s'agissant du domicile. Comment concevoir, en effet, le soutien ou l'intervention à domicile sans reconnaître la famille comme un véritable partenaire ? Les rôles, attributions, fonctions sont différents mais la famille fait partie du dispositif de soutien à domicile. Elle en est même souvent le pivot sans lequel l'édifice d'aide s'effondrerait. Pivot du soutien à domicile, génération-pivot: bien sûr ce sont les mêmes personnes.

Et si l'on doutait encore de l'importance de ce rôle joué, désormais, par la famille, si l'on doutait encore de la restauration de son statut, il faudrait regarder la place qu'elle occupe au moment du décès de la personne ainsi soutenue à domicile. Au-delà même, on a vu la loi de 1989 sur l'accueil par des particuliers, à leur domicile, à titre onéreux, de personnes âgées ou handicapées, réglementer et reconnaître ce que l'on appelait « l'accueil familial. »

---

[1] Ensemble de textes qui définissent les différents services et établissements pour la prise en charge des enfants porteurs de déficiences, handicaps etc.

En d'autres termes, et c'est un rien paradoxal, aux limites de capacités et, parfois, de compétences des établissements, on redécouvre les vertus de la famille…

La reconnaissance de la citoyenneté des personnes âgées ou handicapées, passe aussi par la reconnaissance de leur famille et l'on pourrait dire, au terme de cette histoire, par la restauration et la reconnaissance de leur honneur, à travers ce qu'elles font et ce qu'elles sont.

Des formes institutionnelles majeures ont donc présidé à l'évolution des deux mondes du handicap et de la vieillesse, induisant des statuts en évolution, pour les personnes et pour leurs familles. Evolution significative qui, malgré toutes les critiques que l'on peut faire encore à ces institutions, et il en reste à faire, nous a fait sortir, du « Moyen Age » et semble bien aller de plus de contraintes vers plus de liberté, de plus d'arbitraire vers plus de citoyenneté.

Logique du placement, logique du service… A chaque époque son modèle, une autre logique s'invente aujourd'hui: les partenaires sont multiples, les situations sont géographiquement distantes, il faut dès lors coordonner et non plus seulement placer ou desservir.

La coordination, une logique de réseau.

« La coordination a pour objectif de concilier au sein d'un secteur les actions réalisées de façon dispersée par des services spécialisés. »[1]

La plupart du temps à notre insu, le plus souvent malgré nous, presque toujours pourtant avec notre participation active, la société est traversée par des courants et des modèles de pensée, qui structurent notre regard sur le monde, notre manière de le comprendre et d'agir sur lui. Ces modes de pensée pénètrent tous les secteurs de l'activité humaine ; ils sont, si l'on peut dire, dans l'air qu'on respire. Ils adviennent, ils émergent lorsque la technologie les engendre ou les permet : ils se complètent, s'annulent parfois, mais le plus souvent s'additionnent, se chevauchent, se succèdent. Ils sont à la fois successifs et concomitants.

La médecine, l'action sociale et médico-sociale, la gérontologie, la gériatrie, n'y échappent pas et ces évolutions y sont lisibles, en particulier, dans le vocabulaire utilisé pour parler de l'action tant il est vrai que le langage fait la pensée alors même que nous aimerions croire que la pensée fait le langage. En matière d'action médico-sociale, les maîtres mots deviennent alors proximité et, pour penser la proximité, réseau et coordination.

La place, est un point situé dans un espace social, institutionnel plus ou moins clos. Le domicile, est un point situé sur un circuit. On l'appelle le plus souvent « tournée » ;

---

[1] Jean-Jacques AMYOT. *Travailler auprès des personnes âgées.* Ed. Dunod. Paris, 1998, deuxième édition. P. 30.

celle de l'infirmière ou du médecin, celle de l'aide ménagère, de l'aide soignante du S.S.I.A.D.[1] etc.

On vit avec son époque, le modèle technologique sous-jacent est celui du circuit électrique qui deviendra très vite circuit intégré, circuit intégrant.

Une place dans un établissement, une inscription dans un dispositif, une logique de service : et s'il était absurde d'opposer les deux modèles de pensée et d'action que constituent, nous l'avons vu, l'institution et le domicile ? Et si l'on faisait le pari de passer du placement ou du maintien de la personne, à l'accueil et au soutien de celle-ci, là où elle est, dans son effort, immense effort, désespéré parfois, désespérant même, pour vivre, vieillir, vivre encore.

Soutenir et non maintenir, accueillir et non placer... Cela suppose de coordonner. La coordination gérontologique émerge, appuyée sur la circulaire du 7 avril 82. Malgré les avatars qu'elle connaîtra, cette idée ne disparaîtra plus.

Le troisième modèle qui s'invente aujourd'hui, c'est le modèle du réseau. Il est vrai que désormais tout est réseau ou se veut réseau, partout. Dès qu'un problème se pose et ne trouve pas de solution immédiate, là où il y a dix ans, on créait une commission, on cherche aujourd'hui à « agiter », à animer un réseau, partenarial ou multipartenarial, comme il se doit : réseau pour appuyer un projet, développer les synergies, diffuser l'information en temps réel, coordonner l'intervention.

---

[1] S.S.I.A.D. : Service de Soins Infirmiers à Domicile.

Le monde de l'entreprise est sur la même logique et organise ses réseaux pour livrer en temps quasi-réel et fonctionner en flux tendu, sans stock.

Outrance du réseau, parfois, quand on entend un directeur d'établissement pour personnes âgées dépendantes expliquer que: *« grâce à un réseau gérontologique opérationnel et performant, il gère en flux tendu le stock de médicaments et le turn-over des résidents »* !

Le modèle technologique de l'Internet a envahi notre manière de penser et de voir le monde. Tout est réseau, partout, quelle que soit l'activité concernée :
- réseau Ville-Hôpital pour la prise en charge des malades du SIDA,
- réseau Ville-Hôpital pour la prise en charge des malades atteints de la maladie d'Alzheimer et le suivi de leur famille,
- réseau Ville-Hôpital pour le suivi des grossesses à hauts risques,
- mais aussi réseau SNCF, téléphonique (SFR, ITINERIS…), réseau câblé, réseau d'adduction d'eau, de collecte des eaux usées, réseau EDF, réseau routier, réseau de distribution, réseau de prostitution, de pédophilie, réseaux associatifs, politiques, syndicaux, religieux… chacun de nous est inclus dans un réseau, des réseaux… Au point d'ailleurs de produire subrepticement, discrètement une nouvelle définition de l'exclusion : être exclus, c'est être exclus des réseaux ; et de la vieillesse : être vieux, c'est, pour des raisons liées à l'âge, ne plus être en mesure d'évoluer, d'évoluer seul dans les réseaux ordinaires de socialisation.

Mais alors qu'est-ce qu'un réseau ? Comme Monsieur Jourdain faisait de la prose, nous participons aux réseaux sans doute sans nous en apercevoir. Mais pourtant, tout n'est pas réseau ou du moins tout n'est pas réseau de manière équivalente ou identique.

Le réseau c'est d'abord une intention : au-delà des institutions et des services, il n'y a de réseau que si des personnes (souvent portées par des institutions) s'engagent à le faire exister parce qu'elles en ont ressenti la forte nécessité et qu'elles partagent des valeurs (une éthique) au nom desquelles elles s'engagent. Le réseau est donc d'abord une réponse à des difficultés d'ordre pratique, professionnel, éthique.

Pour reprendre le modèle de l'Internet, on pourrait, de ce point de vue, dire que le réseau est d'abord virtuel et qu'il n'existe que parce qu'on le fait exister. En d'autres termes, le principe de fonctionnement du réseau c'est la connexion, libre connexion, et la déconnexion, libre également. Le réseau est, en ce sens, peu contraignant : ceux qui s'y connectent en deviennent acteurs dans un rapport non hiérarchisé, souple, égalitaire, rapide et réversible. Chacun peut tour à tour occuper le centre du réseau ou la périphérie, se placer au cœur ou se retrouver à la marge.

On l'aura compris, le réseau est complexité c'est-à-dire capacité à penser un système par rapport aux éléments qui le composent (le malade, sa famille, les soignants, les institutions, les services…) et aux liens qui unissent ces éléments. La nature du lien ayant, en effet, autant d'importance que les éléments qu'il relie. Le réseau est évidemment systémique et permet d'approcher la complexité.

Le réseau peut alors être compris - on peut en risquer une définition - plus comme un réseau de soignants que comme un réseau de soins, *c'est un ensemble d'acteurs à compétences multiples qui, sur un territoire donné, s'appuient sur des valeurs partagées et interagissent volontairement au service d'objectifs communs concernant une population particulière.*

Le réseau, ainsi défini, peut susciter des craintes. Il peut paraître chronophage. Des rivalités peuvent s'y manifester, des antagonismes peuvent s'y exacerber entre l'initiative privée et les blocages administratifs, certains redoutent les prises de pouvoir, la perte de liberté, la dépossession. Évidement, tout cela est possible, le réseau reste modestement humain. Pourtant il s'impose pour deux raisons au moins :

- Il est un outil utile pour la résolution de problèmes jusque là insolubles, exemple : le partage d'informations.

- Il permet la coordination sans laquelle les situations complexes ne peuvent pas être traitées dans le respect de leur humaine complexité.

Le réseau est réactif, rapide, léger, il ne s'encombre pas de gestion. Il laisse la gestion à l'association. Il se peut d'ailleurs qu'une association ad hoc soutienne, porte le réseau. Mais l'association et le réseau se différencient, alors même que le réseau peut avoir besoin d'être porté par une association. L'association a un enracinement géographique (un siège social), des structures, une organisation lente et durable, l'association est engagement et stabilité, durée.

Créée sur le modèle de l'union, l'association fait la force. Le réseau, lui, fait l'immédiat, la souplesse, la ruse. L'association gère quand le réseau coordonne.

Quelle coordination?

La coordination c'est d'abord, si l'on peut dire, une vieille idée neuve. Dès 1962 le Rapport LAROQUE soulignait la nécessaire coordination de l'action gérontologique. En 1982 la circulaire du 7 avril créait les instances de coordination, instances locales de coordination gérontologique et finançait les premiers postes de coordonnateurs. Financement fondant, disait-on, de postes de coordonnateurs.

Nombreux sont ceux, professionnels, élus, bénévoles, qui, depuis des années, se sont engagés dans la volonté de coordonner l'action gérontologique. Partout en France des expériences pilotes ont été conduites. La circulaire du 6 juin 2000, créant les CLICS, Centre Locaux d'Information et Coordination et prévoyant leur financement pérenne, cette fois ci, doit permettre de franchir une nouvelle étape dans l'élaboration de cette coordination gérontologique. Elle semble en effet créer des conditions respectueuses des personnes âgées, et des expériences déjà conduites. Cette coordination est, de plus, à construire dans un paysage largement redessiné entre de nouveaux modes de tarifications, des exigences croissantes de qualité, une Allocation Personnalisée à l'Autonomie, la signature de conventions tripartites, une évaluation isonormée de la dépendance.

La coordination qui s'invente actuellement pose quelques questions qui peuvent nous être utiles pour nourrir d'autres expériences. Ces questions s'articulent, semble-t-il, sur trois axes :

- l'axe de l'organisation territoriale

Pour coordonner, quelle est la bonne dimension de territoire ? Quel est le bon réseau ? Jusqu'où faut-il l'étendre ? Faut-il penser en zone géographique, en nombre d'habitants, en bassin d'emploi, en découpage cantonal ? En communauté d'agglomérations ou de communes ? En département ?

Quelle est donc la dimension du périmètre de proximité, celui qui permet à l'usager de faire entendre sa voix ?

Si nous manquons ce niveau là nous coordonnerons mieux, peut-être, mais nous ne changerons rien !

- l'axe de la conception des réseaux

Quels sont les modèles de réseaux mis en œuvre ? Peut-on en établir une typologie ? Comment les différents réseaux sont-ils interconnectés et, eux-mêmes, coordonnés ?

Comment les réseaux parviennent-ils à mobiliser les praticiens libéraux ? Les services sociaux spécialisés ou non ?

Comment les institutions porteuses sont-elles impliquées dans les réseaux ?

Comment les personnes âgées elles-mêmes sont-elles placées au cœur des réseaux et comment peuvent-elles y faire entendre leurs voix personnelle et collective ?

Si nous manquons ce niveau là, nous coordonnerons mieux, peut-être, mais nous ne changerons rien !

- l'axe de la méthode

Quels sont les outils de la coordination ? Par exemple : quels sont les lieux ressources et comment sont-ils identifiés ?

Cette coordination permet-elle une offre de services gradués, depuis l'information, le conseil, l'évaluation des besoins, jusqu'à l'élaboration d'un plan d'aide, sa mise en œuvre, son suivi, son évaluation ? Quelle conception (et l'on arrive à l'essentiel) de la coordination est-elle à l'œuvre ? S'agit-il d'une coordination institutionnelle ou d'une coordination clinique ? Sont-elles complémentaires et compatibles ?

S'agit-il d'une coordination de l'action (conduite de l'extérieur de l'action) ou d'une action coordonnée (pensée dès l'origine en liaison avec les partenaires) ? Et surtout, comment la personne concernée, soutenue, peut-elle faire entendre sa voix dans un concert, certes harmonieux, mais qui ne devra jamais perdre de vue que cette personne est la seule soliste acceptable ?

Sinon, si nous manquons cela, nous coordonnerons mieux, peut-être, mais nous ne changerons rien !

Réseaux, coordination ? Bien sûr ! Connectons-nous, relions-nous à des réseaux. Le réseau est une intention. On pourrait dire aussi : c'est un projet. En tous cas c'est bien plus qu'un dispositif, le réseau est processus dynamique qui transforme les rapports sociaux. Or, le système de soins et les pratiques soignantes doivent se penser au cœur des transformations sociales. En ce sens, le réseau, même régulé, contient en lui quelque chose de profondément subversif - au meilleur sens du terme - et de ce fait, de sans doute imprévisible, incontrôlable. Il se pourrait alors qu'il soit, à sa manière, école de la responsabilité, de la citoyenneté et de la démocratie. Nous nous en réjouirons, qui s'en plaindrait ?

Chapitre 6

La fonction sociale de la vieillesse

« Au-delà de la vieillesse demeurent une femme, un homme, qui portent une histoire, une mémoire, mieux qui sont plus que d'autres constitutifs de notre collectivité dont ils ont assumé leur propre part dans sa destinée. C'est ce en quoi nous leur sommes également redevables d'une considération sociale, pour autant que nous n'admettions pas, plus sobrement et peut-être plus justement, qu'ils sont nos frères en humanité. Fraternité au principe même de la solidarité humaine, et plus encore du principe d'humanité. »[1]

Emmanuel HIRSCH.

---

[1] Emmanuel HIRSCH. *Partager nos devoirs d'humanité.* In Gérontologie et société n° 90, septembre 1999.

Pour leur bien [1]

*« Une injustice faite à un seul est une
menace faite à tous »*
C. de MONTESQUIEU (1689-1755)

Peut-on dire du mal du « bien ? » Il faut avoir une
forme d'esprit un peu rebelle ou aimer les situations
scabreuses pour se lancer dans une démarche qui consisterait
à critiquer le bien, à dénoncer ce qui est fait pour le bien, au
nom du bien, du bien des autres, des personnes âgées en
particulier à qui, bien sûr, nous voulons tous le plus grand
bien.

Peut-on dire du mal « du bien »? De quel bien s'agit-
il? Bien pour qui? Au nom de quels critères? S'appuyant sur
quelles valeurs? Y a-t-il dans cette question iconoclaste autre
chose qu'un clin d'œil, autre chose qu'un bon mot? C'est,
sans doute, parce que ce « bien » au nom duquel nous
agissons[2] s'impose à nous comme Le Bien, comme La Vérité,
qu'il est nécessaire de s'en défier pour n'être, autant que
possible, ni auteur ni objet de manipulation idéologique ou
psychologique.

Dans ce souci, et s'agissant de la manière dont nous
«traitons» les personnes âgées, notamment accueillies en
établissements, il semble important de réfléchir au rapport
paradoxal que nous entretenons avec ce que nous faisons
« pour leur bien. » Cette réflexion permet en effet de mettre
en évidence que ce bien qu'on leur destine sert à fonder une
illusion communautaire qui elle-même sert à légitimer des

---

[1] Ce chapitre reprend, pour l'essentiel, un article publié dans Gérontologie
et société n° 90, septembre 1999.
[2] En nous " donnant" parfois tant de mal !

restrictions de liberté et à masquer notre incapacité à entrer dans une problématique de différences et de distinction.

Le paradoxe du bien qu'on leur fait.

La culture dans laquelle nous baignons assigne au mal un statut paradoxal qui le valorise et le combat, puisque nous avons tout à la fois :
- à l'accepter : « *tu enfanteras dans la douleur* »
- à le faire accepter, comme faisant partie de la condition humaine : « *tu gagneras ton pain à la sueur de ton front* »
- et à le réduire : la lutte contre le mal, la conjuration du mal constituent une part essentielle de l'activité humaine.

Que le mal soit au cœur de l'homme ou au cœur du social, qu'il soit dans la nature ou dans la culture, que nous cherchions à en donner une définition morale (la faute), religieuse (le péché), sociale (l'autre, le différent), politique (l'étranger, l'ennemi), économique (la pauvreté, la précarité), médicale (la maladie, le virus, le prion, etc.) bref, quelle que soit la conception que nous avons du mal, les croyances, les arts, les sciences, les religions, une immense part de l'activité culturelle peut être comprise et doit être comprise sans doute comme une tentative de conjurer, réduire, maîtriser le mal en lui opposant du sens.

Le statut paradoxal que nous assignons au mal rencontre alors la recherche du bien qui lui donne sens, qu'il s'agisse du bien privé ou du bien public. La recherche du bien, non seulement lui donne sens mais, du coup le justifie, le fonde. Le mal devient ainsi normal, nécessaire, acceptable, bon pour l'individu ou le groupe. Et quand bien même on cesse de croire aux vertus rédemptrices de la douleur, fût-elle « exquise »[1], on continue à admettre la priorité du mal sur le bien, pour peu que ce mal soit censé produire du bien. Manière, au fond, d'admettre que d'une certaine façon, la fin justifierait les moyens.

C'est ainsi qu'il faut souffrir pour être beau, que le malheur des uns fait le bonheur des autres, qu'on ne peut pas être et avoir été, que c'est d'ailleurs un mal pour un plus grand bien, d'autant que « *qui bene amat, bene castigat* »[2].

Si tous ces aphorismes se comprennent bien dans le contexte culturel où ils apparaissent, leur utilisation décalée dans le temps pour justifier des pratiques professionnelles ou non, a quelque chose d'insupportable parce que cela revient à dire et à faire admettre qu'il faut souffrir pour être vieux, qu'il faut s'estimer heureux de n'être pas encore mort, qu'on est toujours puni par où on a péché, que, par conséquent, ce qui vous arrive est bien fait pour vous et qu'il faut accepter de souffrir pour que l'on s'occupe de vous et parce que l'on s'occupe de vous.

Au-delà des jugements de valeur pour le moins discutables, il y a dans tout cela une pression idéologique redoutable qui a pour objet d'encourager à la soumission et de nous faire croire aux vertus de l'obéissance, en oubliant de nous dire que l'obéissance n'a pas de valeur en soi mais prend sa valeur dans la qualité de ce à quoi l'on se soumet. Il faut

---

[1] Référence à la recherche d'un point douloureux très précis dans l'établissement de certains diagnostics médicaux. Y-a-t il dans cette exquise douleur, plaisir à souffrir, à voir souffrir, à faire souffrir ? Pour qui la douleur est-elle exquise ?

[2] Qui aime bien, châtie bien.

donc entrer en résistance par rapport à des discours et pratiques douteuses qui n'ont d'autres buts que de nous soumettre, pour notre bien évidemment, aux exigences fondées ou infondées de l'institution, de ses personnels, de ses soignants (même si nous sommes ces soignants-là...)

Pourtant, le médecin qui soigne est parfois conduit à faire du mal pour faire du bien mais le moins mal possible, pour le plus grand bien possible et surtout un mal, une douleur en principe négociée, consentie, considérée par celui qui la reçoit comme un moindre mal acceptable dans une véritable transaction, au cœur d'une relation de soins où elle prend sens. Cette transaction suppose que le médecin me considère comme compétent s'agissant de moi-même. Non pas compétent à sa place, s'agissant de la maladie à combattre, mais compétent à ma place, s'agissant de ma vie. Dans cette relation, je suis acteur, sujet, sujet de discours, sujet de relation, sujet de mon histoire, sujet de soins, sujet de ma santé, de ma guérison etc. de ma mort, même.

Tout le problème commence à partir du moment où l'autre, quelles que soient sa place et sa fonction, sait ou croit savoir, décide de savoir ce qui est bon pour moi, ce qui est bien, et agit en fonction de ce bien individuel ou collectif décrété pour moi, sans moi. C'est alors pour mon bien qu'on décide de l'heure à laquelle on me lève ou on me couche, qu'on me nourrit et qu'on m'habille de telle manière plutôt que de telle autre, qu'on me sort, qu'on me rentre, qu'on me pique, me change, me lave, me brasse, me branche, me débranche, me place, me déplace...

D'ailleurs c'est pour mon bien qu'on a décidé, avec la complicité de tel ou tel, sans mon accord, voire contre mon gré, de me faire entrer en établissement...

« Il faut être raisonnable » me dira-t-on et « accepter le placement ». Mon apparente soumission sera le gage de cette acceptation : « il va être gentil et se laisser faire le Monsieur... »

Et si je me révolte un peu, c'est que... vieillissant, je deviens acariâtre, que j'accepte mal de vieillir ou que je suis un peu agité... Alors, pour mon bien et celui de mes congénères, on saura me calmer et non pas m'apaiser...

Le « domicile » n'échappe pas, lui non plus, à cette logique du bien et du mal puisque l'on s'efforcera de m'y « maintenir » au lieu de m'y « soutenir », me dépossédant ainsi, pour mon bien, de l'initiative et de la maîtrise de ma vie.

Bref, logique du bien et du mal dans laquelle le mal trouverait sa légitimité dès lors que nous pourrions croire ou démontrer qu'il est au service du bien, alors même qu'il ne fait aucun doute que ce souci du bien de l'autre soit un souci quasi constant.

En établissement, la recherche simultanée du bien des uns et du bien des autres pose d'ailleurs d'énormes problèmes, chacun en ayant, on s'en doute, sa conception propre pour soi-même et pour autrui. La puissance de l'institution s'exerce alors dans l'art de soumettre l'individu à la collectivité, de réduire les libertés individuelles au nom de la communauté ou prétendue communauté.

On trouve alors tout naturel, pour leur bien, d'imposer aux personnes âgées ainsi placées et qui paient pour cela, une vie collective ... « parce qu'en institution, que voulez-vous, ça ne peut pas être autrement », un règlement... « parce que quand on vit en collectivité, n'est-ce pas, il faut bien des règles », des horaires... « parce que vous comprenez, le personnel... et puis, vous savez, les personnes âgées, plus vous leur en donnez et plus elles vous en demandent », une surveillance, voire une discipline... parce que, c'est bien connu, « les vieux, c'est comme les gosses, faut avoir l'œil, ils feraient n'importe quoi ».

Bref, pour que les vertus supposées du placement opèrent, il faut la vie collective et ce qui l'accompagne : les restrictions ou privations de liberté, les règles de vie institutionnelle, la soumission à l'autorité des responsables, etc. Enfin, pour justifier le placement, il faut encore, et l'on sait le faire, développer un discours disqualifiant sur la famille, les enfants, les filles de préférence... famille disqualifiée, indigne, coupable d'avoir abandonné ses vieux.

Entre les murs clos de l'institution il sera toujours possible de contraindre pour protéger, de surveiller pour soigner, de punir pour socialiser[1], bref, d'interdire, d'exiger, de réglementer, au prétexte, fondé ou non, de l'aide que l'on entend apporter à autrui, du bien que nous voulons lui faire.

Il se peut, bien sûr, que l'institution concernée soit plus souple que cela ; il se peut que, logement-foyer par exemple, cette institution impose moins de contraintes que la maison de retraite. Tant mieux, mais la dynamique institutionnelle, bien qu'atténuée, reste la même.

Le bien d'autrui, c'est évidemment de trouver une place et de pouvoir y rester le plus longtemps possible (c'est là que se trouve alors la véritable « dernière demeure » de la

---

[1] Voir Michel FOUCAULT : *Surveiller et punir*. Ed. Gallimard. Bibliothèque des Histoires. Paris. 1989.

personne âgée). C'est le bien qu'on lui souhaite et que l'on se souhaite, en espérant qu'elle bénéficiera dans ce placement, à cette place, de la qualité des soins et de la relation d'aide dont elle peut avoir besoin pour finir paisiblement sa vie.

Une illusion communautaire

Dans la panoplie des arguments que l'on utilise couramment pour justifier - a priori ou a posteriori - les restrictions de libertés que l'on impose aux personnes âgées, la protection de la communauté vient en bonne place.

C'est politiquement correct et consensuel : Qui est contre ou qui peut être contre la nécessité de protéger la communauté ? C'est pratique : il y a dans cette communauté un fourre-tout d'intérêts que la globalisation communautaire évite d'aller analyser. C'est moralement acceptable puisqu'il est normal et moral que les libertés individuelles s'effacent devant la recherche du bien commun... La liberté des uns, étant, c'est bien connu, censée s'arrêter là où celle des autres est censée commencer.

Mais qui décide du bien commun ? Qui détermine l'intérêt de la communauté ? Quels sont les processus régulateurs nécessairement démocratiques du rapport de l'individu au groupe et du groupe à l'individu ? Et d'abord de quoi parle-t-on quand on parle ici de communauté ?

Pour qu'il y ait communauté, il faut en effet qu'un certain nombre de critères, de conditions, soient réunis :
- il faut qu'il y ait un groupe, disons au moins un ensemble de personnes ;

- il faut qu'il y ait unité de lieu de vie ; grande ou petite unité mais unité : pays, ville, institution etc. ;
- il faut qu'il y ait intérêts communs parce que ce sont eux qui vont donner du sens à la communauté et cimenter la vie communautaire ;
- il faut qu'il y ait libre engagement, libre adhésion à la communauté.

Il semble clair, dès lors, que les établissements accueillant des personnes âgées fonctionnent la plupart du temps sur ce que nous pouvons appeler une illusion communautaire.

Bien sûr, nous avons affaire à un ensemble d'individus vivant dans une unité de lieu peu contestable mais en revanche y-a-t il intérêts communs ?

En effet, ce n'est pas parce que les personnes âgées accueillies ont des intérêts apparemment identiques : vieillir au mieux, dans de bonnes conditions de cadre de vie, d'aide, de soins… qu'elles ont ce but en commun. Ce n'est pas parce qu'elles poursuivent apparemment les mêmes buts, les mêmes objectifs qu'elles les partagent au fond. L'addition, l'empilement des intérêts individuels, même concordants, n'est pas suffisant pour forger un intérêt commun. S'il est vrai que *« le tout a quelque chose de plus que la somme des parties »*[1], ce *« quelque chose de plus »* qui fait le sens n'est pas donné a priori, c'est à construire.

---

[1] Principe fondamental de la théorie de la forme ou gestaltisme de Köhler, Wertheimer et Koffka, approche qui se refuse à isoler les phénomènes pour les expliquer et les considère comme des ensembles indissociables et structurés (forme).

A défaut, nous sommes, sans doute, dans une illusion communautaire. Or, la communauté c'est ou ce devrait être, ce qui appartient à plusieurs ou à tous et non pas ce qui échappe à chacun pour mieux lui être imposé. (Exemple : la détermination de l'heure du repas ou du lever...) Cette communauté, pour qu'elle existe, il faudrait d'ailleurs qu'un projet communautaire vienne la fonder. Projet communautaire forcément idéologique qui viendrait répondre à la question de savoir pour quelles raisons et dans quels buts les membres de la communauté décident de cette forme de vie communautaire et s'y engagent, y adhèrent librement et en pleine connaissance de cause.

Sinon, le seul fondement de la communauté devient alors, dans une pâle copie de la vie religieuse monastique, le fait d'être soumis à une règle commune. Et voilà comment s'imposent les restrictions réglementaires de liberté pour protéger une communauté qui, au fond, n'existe pas...

Si la communauté, au fond, n'existe pas, l'utilisation du terme et la volonté annoncée de protéger cette communauté remplissent alors une fonction qu'il nous faut tenter d'identifier et de comprendre. Il s'agit, au fond, d'une fonction de leurre, de masque ; derrière la communauté se cache autre chose que nous n'aimons pas regarder et que l'emploi du mot communauté nous évite de nommer.

- Derrière la communauté et sa protection prétendue, c'est d'abord une institution que l'on protège, avec, bien sûr, ses compétences mais surtout ses manques de moyen, ses insuffisances, ses habitudes, son organisation, son confort, ses horaires, ses résistances au changement, ses manquements à la dignité des personnes, que sais-je encore ?

- Derrière la communauté et sa protection déclarée, c'est aussi une conception de l'institution que l'on protège. Cette conception de l'institution se fonde elle-même sur une représentation de la personne âgée qui, prétendant la définir comme un sujet de droit ne parvient, en fait, à la définir que comme objet de règle, soumis à un règlement, au service de l'institution. C'est ce qu'Ivan ILLICH[1] aurait appelé, la fonction « iatrogène » de la référence communautaire : elle sert à masquer le fait que les vieux soient au service de l'institution et non l'institution au service des vieux.

- Derrière la communauté et sa protection alléguée c'est, en fait, non pas la communauté que l'on protège mais la collectivité... et l'on fait comme si collectivité et communauté étaient équivalents, synonymes. Il nous faut alors nous ré-interroger sur le sens de cette vie collective et sur les raisons pour lesquelles nous faisons vivre les autres en collectivité dès l'instant où nous pensons devoir apporter des réponses spécifiques à des situations particulières.

Lorsqu'il s'agit d'enfants, on explique que le groupe est un support d'éducation et d'apprentissage, que la frustration et l'émulation qui s'y jouent sont des stimulants nécessaires.

Lorsqu'il s'agit d'adolescents, on explique que le groupe est un support d'identification et de socialisation et que la confrontation aux autres qui s'y opère est précurseur de la confrontation au monde à venir.

---

[1] Ivan ILLICH, Némésis médicale. Ed. Du Seuil. Coll. Techno-critique, Paris, 1975. L'effet iatrogène est l'effet par lequel la médecine, pourtant pratiquée selon les règles de l'art, engendre parfois elle-même une maladie. On pourrait aussi parler de grave effet contre-productif ou pervers

Mais lorsqu'il s'agit d'adultes, vous et moi, on s'abstient de nous imposer une vie collective, sauf dans certaines situations bien précises :

- La détention, la prison. On attend alors de la vie collective réglementée que, par sa rigueur, elle fasse souffrir, redresse, punisse, « corrige » les personnalités déviantes, délinquantes, criminelles...

- L'internement psychiatrique. On attend alors de la vie collective qu'elle « contienne » la maladie mentale et les malades mentaux, par un étayage de personnalités fragiles ou pathologiques.

- L'urgence avec son caractère imprévisible et inhumain. Elle nous fait admettre, pour les réfugiés du Kosovo comme pour les Palestiniens quelques années plus tôt, que la vie dans les camps se justifie, au moins comme dispositif de survie et comme moins mauvaise solution.

Mais si la vieillesse n'est ni un délit, ni une maladie, ni même une urgence (parce que pour chacun il a fallu quelques années avant de parvenir à être vieux...) pourquoi faisons-nous vivre les vieux en collectivité ?

Le plus souvent on les regroupe, semble t-il, à défaut de savoir quoi faire d'autre et de pouvoir faire autrement. On justifie alors ou on tente de justifier cette vie collective en prétendant que la communauté deviendra un outil, un moyen, au service d'objectifs inscrits dans un projet professionnel institutionnel, individuel, cohérent...En quoi la personne âgée concernée sera-t-elle pour elle-même à l'initiative et aux commandes de ce projet ?

La fonction de masque que remplit la référence à la communauté trouve, à mes yeux, son développement paroxystique dans l'évocation du modèle familial (référence communautaire emblématique) comme fondement, justification de l'institution de ses formes et de son fonctionnement.

« Chez nous, vous savez, ça se passe bien, ça se passe en famille… » Justement : soit c'est faux alors il ne faut pas le dire, soit c'est vrai et dans ce cas, regardons-y de plus près. Il ne suffit pas, en effet, que « ça » se passe en famille pour que « ça » se passe bien… Et d'ailleurs qu'est-ce qui se passe en famille ? Peut-on faire comme si la famille n'était que le lieu idyllique de relations affectives structurantes et respectueuses ? Peut-on faire comme si la famille n'était pas également le lieu des violences conjugales, de la maltraitance à l'égard des enfants ou des vieillards ? C'est aussi en famille que se font les histoires… de famille. C'est en famille que se pratique l'inceste, c'est en famille que l'on apprend le mensonge et l'hypocrisie, c'est en famille que l'on trompe sa femme ou son mari, c'est en famille que l'on divorce etc.

On le comprend, la famille, référence communautaire par excellence, quand elle est invoquée comme modèle de conception d'une institution et de son fonctionnement n'est, en fait rien d'autre qu'un modèle idéologique (plus ou moins sympathique aux yeux des uns et des autres) qui se donne des apparences de professionnalité et fonde ainsi, on pourrait dire vient donner, une légitimité idéologique à des restrictions de liberté qui pour être légales, peut-être, ne sont profondément ni morales, ni légitimes.

Ainsi, la protection de la communauté avancée pour fonder, justifier les restrictions de liberté masque donc une protection de l'institution, un déni des droits et de la dignité des personnes accueillies, une confusion entre communauté et collectivité et la référence à un modèle idéologique pratique sous couvert d'alibi professionnel.

Une problématique de la différence et de la distinction

La protection de la communauté et les restrictions de liberté qui l'accompagnent remplissent aussi une autre fonction : celle de la réduction des différences.

Peut-être à cause du rapport difficile que chacun de nous, nous entretenons avec la différence des autres, les institutions que nous créons, que nous animons et dans lesquelles nous œuvrons entretiennent aussi un rapport difficile avec la différence ou les différences. Rapport difficile, paradoxal, coincés que nous sommes entre le désir de respecter, voire de valoriser les différences et le désir de ne pas tenir compte des différences, pour ne pas les cultiver, comme si les différences étaient la source majeure des inégalités.

Perdant conscience du fait que c'est le plus souvent notre manière de traiter les différences qui engendre les inégalités, une consigne s'impose, comme un postulat : ne pas engendrer d'inégalités et pour cela ne pas faire de différences.

De la même manière que nous observons une confusion entre communauté et collectivité, nous observons maintenant la confusion dramatique entre égalité et égalitarisme.

L'égalitarisme c'est le même traitement pour tout le monde, « pas de différence », c'est le mot d'ordre, « tout le monde pareil et pareil pour tout le monde. »

L'égalité, on le sent bien, suppose, dans le respect de chacun, la reconnaissance des différences. Pour avancer dans cette réflexion, il nous faut faire un effort de dissociation : tenter de dissocier différence et distinction.

Peut-être n'avons nous pas à faire des différences au sein d'une institution, d'un groupe, d'une équipe... peut-être ? Mais il est absolument indispensable de faire des distinctions : nous avons à distinguer des personnes, toutes porteuses d'attributs identitaires qui leur sont propres, qui les différencient et, les identifiant, les distinguent. Le double sens du mot distinction paraît ici très intéressant car la langue française est ainsi faite que l'on pourrait dire que « je manque de distinction quand je manque de distinction »...

Combien de fois entendons-nous des personnels ou responsables d'établissements pour personnes âgées se « plaindre » du comportement peu distingué des résidents de leurs établissements : langage grossier, jurons, impolitesse envers le personnel, gestes déplacés, tenue vestimentaire lamentable, tenue à table très relâchée, etc. ? Comment ne pas être tenté alors de mettre tout cela sur le compte de la vieillesse, de la désorientation, de formes un peu ostentatoires de réactions caractérielles, voire de démences qui déjà sont à l'œuvre... Alors on se lamente : « Si c'est pas malheureux, quand on pense qu'ils ont été père et mère de famille, qu'ils ont élevé leurs enfants, qu'ils ont été élus locaux, dignes, propres, jeunes et beaux, qu'ils ont eu un métier, qu'ils ont exercé des responsabilités... C'est dur de vieillir... »

C'est dur sans doute, mais c'est particulièrement dur quand une vie collective vous impose une indifférenciation continuelle, vous noie dans la masse d'une collectivité de vieux et ne vous fournit plus d'occasion de vous sentir distinct, distingué des autres, reconnu dans votre unicité.

C'est dur de vieillir quand à la demande que vous formulez, on vous répond, non pas que votre demande est non fondée, mais simplement que « je ne peux pas vous dire oui parce que si je le fais pour vous, il faudra que je le fasse pour tout le monde.» Comme si vous étiez tout le monde, comme si tout le monde était vous. Où est la dignité, la reconnaissance de la personne, non réductible à la masse, au groupe, à la collectivité ? Où est la personne non réductible à l'individu ?

Quoi d'étonnant alors que la personne âgée à qui l'on impose cette indifférenciation, se comporte au pire du comportement collectif... comme pour vous donner raison et pour en finir plus vite ? Décidément, je manque de distinction quand je souffre de ne pas être distingué...

On peut pousser plus loin l'analyse, il suffit d'écouter encore les personnels qui vous disent : « Quel manque de distinction, ils en deviennent incapables de reconnaissance... » Et disant cela, peut-être le personnel explique-t-il fort bien, même sans s'en rendre compte, qu'à force de souffrir de n'être pas distinguées, les personnes âgées n'ont plus de reconnaissance : elles ne savent plus dire merci, elles ne reconnaissent plus les personnes ; ne les distinguant plus, elles les confondent et l'on dira alors qu'elles font de la confusion mentale...

Égalité, différence, distinction, reconnaissance, la restriction des libertés et la prétendue protection de la communauté servent en fait, à ne pas poser la difficile problématique de la différence : ne pas faire de différences, peut-être…mais seulement faire des distinctions parce qu'il y va de la reconnaissance de chacun, c'est-à-dire de la possibilité que nous nous laissons les uns les autres de construire une identité au sens où Pierre SANSOT[1] en parle : « *Mon identité c'est l'image que j'ai de moi, forgée dans le rapport aux autres parce que j'ai par la suite à répondre à leur attente.* »

C'est clair, si la seule attente que vous ayez à mon égard est que je me confonde, ne soyez pas surpris que manquant de distinction, je me confonde dans la masse et développe un processus pathologique de confusion… mentale.

Ne pas faire de différences ? Peut-être mais attention à l'uniformisation, c'est l'uniforme qui enlève la distinction. L'uniforme est toujours un instrument du pouvoir et moins ce pouvoir est fondé sur des bases démocratiques, plus il uniformise pour s'imposer.

La restriction des libertés présentée comme la garantie de la protection de la communauté n'est, bien souvent, rien d'autre qu'un instrument du pouvoir qui n'a d'autres fondements ni d'autres buts que d'asseoir ce pouvoir, de le servir, de l'entretenir, quitte, pour cela, à asservir prioritairement ceux qui sont le moins en état de se défendre : les vieux.

---

[1] Pierre SANSOT in « *Identités collectives et travail social* » sous la direction de Jacques BEAUCHARD, Privat, Coll. Sciences de l'homme, 1979.

Les restrictions de liberté font partie d'un agencement odieux dans lequel, captive, la personne âgée est invitée à accepter la perte de liberté pour ne pas perdre sa place, à ne pas se plaindre pour ne pas déranger, à se taire par peur des représailles, à renoncer à son statut de sujet, acteur de la vie démocratique au nom du respect de la communauté.

Renoncer à la démocratie au nom de l'intérêt général, c'est quand même le paradoxe des paradoxes.

La démocratie n'est pas seulement la garantie des libertés publiques, elle est aussi ou devrait être la garantie des libertés individuelles. Les institutions ont une propension étonnante à l'oublier et les pressions sociales et économiques auxquelles elles sont soumises, ont pour effet de consolider cet oubli.

Etymologiquement, la communauté, du latin « moenia », c'est le rempart, la muraille, les murs de la ville ou ceux de l'institution. C'est donc ce qui protège les personnes et les richesses encloses dans ces murailles. Ce n'est que par glissement que le mot « communauté » désignera ce qui est à protéger... à l'intérieur de la communauté. Cette évocation étymologique a au moins une vertu, celle de nous rappeler que ce qui est à protéger, bien plus que la communauté, ce sont les personnes qui la composent et que la communauté n'a plus de sens ni de valeur si elle n'est plus au service de ceux qui la constituent.

Sommes-nous capables alors, de cesser de prendre pour une vérité première et définitive cet aphorisme qui prétend que la liberté des uns s'arrête où commence celle des autres... Non que cela soit faux, sans doute mais c'est sûrement insuffisant et en tout cas d'autres conceptions de la liberté peuvent être utiles en même temps.

La communauté n'a de sens que si elle permet aux hommes, fussent-ils âgés, de comprendre qu'on ne se libère jamais les uns contre les autres. La communauté n'a de sens que si elle permet aux hommes, fussent-ils âgés, de faire chaque jour valoir un peu mieux leurs droits, et finalement si elle leur permet de se libérer chaque jour un peu plus du poids de la collectivité et de la bêtise humaine quand elle prend forme d'institution. Ceci suppose que nous apprenions à penser que la liberté des uns commence là où commence celle des autres parce que l'histoire de toutes les libérations et de toutes les libertés nous apprend finalement que les femmes et les hommes se libèrent ensemble.

De l'utilité de l'inutile…

« Je suis une question pour beaucoup… »[1]

Retraiter sa vie, à l'occasion de son avancée en âge, et finalement à l'occasion de sa vieillesse, même en entrant en établissement, c'est garder, chevillée au corps, la conviction que, vivant, chacun de nous conserve pour l'ensemble de la communauté des hommes une fonction à laquelle il ne peut jamais être question de renoncer sous peine d'un équivalent de mort sociale pour la personne et d'un appauvrissement pour la communauté. Pour immodeste que puisse paraître cette conviction, elle est cependant fondamentale. Elle doit permettre à ceux qui vieillissent de garder l'envie de vivre, de vieillir un peu plus, et à ceux qui les aident à vieillir de garder l'envie de les voir vieillir, de continuer, inlassablement, à trouver du sens dans les soins qu'ils dispensent ou l'aide qu'ils apportent. Pratique de la quotidienneté, du minuscule, de l'intime, de l'invisible. Humilité du soignant en gériatrie…

Il arrive pourtant que cette fonction indéniable soit perdue de vue et que celui qui vieillit perde, à ses propres yeux et aux yeux des autres, le sentiment de cette fonction sociale qu'il remplit. Conscient de cette souffrance, on a vu le monde professionnel de la gérontologie multiplier, ces dernières années, les colloques et manifestations sur ce thème : A quoi servent les vieux ? Quelle est l'utilité sociale des retraités et des personnes âgées ? Il faut bien le reconnaître d'ailleurs, on a parfois répondu qu'au fond, plus les vieux peuvent continuer à faire -gratuitement- ce qu'ils

---

[1] Prière d'un vieillard, psaume 71. Livre des psaumes.

faisaient avant, plus ils sont utiles : en d'autres termes, plus les vieux sont jeunes, plus ils peuvent servir !

Bien sûr, c'est dur, c'est inacceptable de parler ainsi, on l'a donc dit de manière édulcorée, on a parlé de « parrainer les jeunes créateurs d'entreprise », on a parlé de « transmettre les savoirs », on a parlé de donner encore, d'échanger, et dans ces échanges, de développer l'utilité sociale des personnes âgées. Et si, ne « servant » plus, cette utilité semble disparaître, in extremis, les personnes âgées constituent encore un formidable gisement d'emploi. Utilité économique, utilité sociale.

Mais si je n'ai plus rien à donner, si je suis démuni, si je deviens dément ou grabataire, si je deviens « une charge », quelle est encore ma fonction sociale ? Et que veulent dire ces soignants d'exception qui m'accompagnent dans cette apparente dégradation de mes facultés et qui sont capables de dire, avec pudeur, discrétion et humilité que la rencontre avec ces personnes âgées leur apporte beaucoup ? Que leur apporte donc cette rencontre puisque justement la réponse n'est ni matérielle ni financière ?

La scène se passe à l'entrée d'une maison de retraite. A notre arrivée, un oeil électronique déclenche l'ouverture de deux portes vitrées et coulissantes, donnant accès à un sas entièrement vitré au-delà duquel, dans le hall d'entrée - et peut-être d'accueil - de l'établissement, sont alignés cinq ou six fauteuils occupés par des femmes à l'évidence très âgées qui observent, analysent et commentent les allées et venues des visiteurs, des personnels, des résidents... Dans la nécessité où nous étions de devoir attendre quelques instants la Directrice de l'établissement, nous prenons le temps de saluer ces dames et de nous asseoir dans un fauteuil resté disponible. Sourire aimable de l'une, réserve gênée de l'autre, satisfaction d'une autre encore : « *ce n'est pas souvent qu'un jeune homme vient nous voir !* » *Et puis, cette question : « A quoi on sert si on sert pas ?* » Et la voisine de l'interrompre : « *Faites pas attention, elle est folle.* »

« *A quoi on sert si on sert pas ?* » Insupportable question, de laquelle la voisine tente immédiatement de se protéger et de me protéger en en disqualifiant l'auteur : « *Elle est folle.* »

« *A quoi on sert si on sert pas ?* » L'apparente absurdité de cette question permet, au fond, de poser de façon assez complète, la question de l'évolution de la fonction sociale des personnes âgées.

Il nous faut, en effet, commencer par démonter, décomposer cette formule généralement acceptée : fonction sociale des personnes âgées. Il nous faut regarder ses contenus implicites ou explicites parce que cette formulation nous parle au fond, de trois choses : elle masque des peurs, elle révèle des rôles et sous-entend des statuts particuliers, le tout en évolution constante puisque nous sommes dans une société où tout change.

Une formulation qui masque des peurs...

Il arrive qu'au lieu de parler d'utilité des personnes âgées on parle de leur place. Tout cela n'est pas équivalent : quand on parle de leur place on se demande où elles sont dans notre société, quelle place elles occupent dans le tissu social. Se poser la question de leur utilité c'est, au fond se poser une question beaucoup plus brutale. On considère un ensemble, la société française contemporaine et on se pose la question de l'utilité des personnes âgées dans cet ensemble. Autrement dit, et de manière triviale : A quoi servent les vieux ? Le problème est que l'on ressent tous une gêne et des peurs à poser cette question de l'utilité sociale des personnes âgées, une gêne devant l'indécence et la brutalité du propos, des peurs parce que peut-être quelques uns iront-ils jusqu'à répondre que certaines personnes âgées ne servent à rien. Gêne, peur, angoisse même, quand cette personne âgée qui ne « sert plus à rien » est peut-être mon père, ma mère, moi-même. Qu'adviendra-t-il de celui ou de celle à qui l'on ne reconnaît plus aucune utilité ?

Pour habile que soit la formule : « utilité sociale des personnes âgées », on voit dès lors ce qu'elle peut contenir de scandaleux et de terrifiant. Pour éviter d'induire ce scandale, il nous faut alors affirmer que la légitimité de la place d'un individu au cœur-même du tissu social n'est jamais et ne peut jamais être réduite à son utilité, à ce à quoi il sert. Cette position philosophique, au fond, est la seule qui nous garantisse d'échapper à la barbarie la plus sordide et qui apaise, au moins un peu, nos peurs : « A quoi on sert si on sert pas ? » C'est-à-dire : Ai-je encore le droit d'être là quand je sens décroître mon utilité sociale et quand je me rends bien compte que je deviens progressivement une charge pour autrui ?

Il faut dire, par ailleurs, que cette expression : « utilité sociale des personnes âgées » rend difficile à saisir la variété des situations. En effet, les personnes âgées sont multiples, non seulement par leur nombre croissant mais aussi par leurs caractéristiques individuelles, leur âge, leur culture, leurs ressources, leurs convictions, leurs engagements, leur formation, leur expérience professionnelle.

De ce fait, de même que la personne âgée n'existe pas, il n'existe pas d'utilité sociale unique et standardisée, heureusement d'ailleurs, pour les personnes âgées. Les utilités sociales sont multiples et doivent le rester sous peine de nous faire tous passer, un jour ou l'autre, dans un inacceptable laminoir utilitariste au terme duquel chacun de nous perdrait la possibilité d'affirmer son identité, de jouer sur la scène sociale son propre rôle et de bénéficier, de ce fait d'un statut qui lui convienne.

Pourtant, chacun de nous a bien conscience que ces dernières années nous avons assisté et participé à de formidables transformations concernant les personnes âgées. Alors qu'est-ce qui a donc changé ?

Outre l'évolution démographique dont on a déjà parlé qui, forcément, assigne aux personnes âgées une place nouvelle et nouvellement proportionnée, ce qui a changé, c'est, sans doute, la manière d'occuper cette place c'est-à-dire le rôle ou les rôles des personnes âgées.

Des rôles et des statuts particuliers...

Le rôle nous dit Jean STOETZEL,[1] est, s'agissant d'un individu, *« L'ensemble des comportements à quoi les autres s'attendent légitimement de sa part »*. Il est utile de repartir de cette définition du rôle parce qu'elle nous replace devant la complexité de la question. Le rôle est fait des comportements de l'un et des attentes des autres, c'est-à-dire du regard que nous portons sur l'autre, ici, sur les personnes âgées. Ce qui a changé et qui change encore, c'est donc le comportement des

---

[1] Jean STOETZEL. *La psychologie sociale*. Ed. Flammarion, coll. Champs. Paris.1978.

personnes âgées et nos attentes à leur égard. Leur comportement a changé dans tous les domaines.

- Consommation : leur niveau de ressources s'étant globalement amélioré, les personnes âgées se sont mises à consommer davantage : produits alimentaires, vêtements, cosmétiques, maquillages, mais aussi transports, appareils ménagers... Elles trouvent désormais des lignes de produits spécialement pensés pour la cible commerciale qu'elles constituent.

- Loisirs : il est tout à fait spectaculaire de voir comment le comportement des personnes âgées a changé dans ce domaine. Elles se reconnaissent et on leur reconnaît un véritable droit aux loisirs, qu'il s'agisse de sport, de culture, de voyage, de vacances, de cinéma, théâtre, concerts... Elles sont massivement devenues actives dans tous ces registres.

On pourrait ainsi dresser une liste quasi interminable des domaines où le comportement des personnes âgées a changé et change encore. Chacun de nous en a une perception et chacun de nous perçoit également les obstacles et les évolutions : obstacles psychologiques, affectifs, culturels, technologiques, etc. Mais s'il est vrai que les rôles tenus par les personnes âgées sont interdépendants des attentes que l'on a à leur égard, il paraît plus intéressant de regarder quelques-unes de ces attentes. Globalement, qu'attendons-nous des personnes âgées ?

Plus que jamais nous attendons d'elles qu'elles jouent un rôle économique fort. En consommant bien sûr, nous venons de le voir mais au-delà, en créant de manière directe ou indirecte de l'emploi.

Ce n'est pas d'aujourd'hui que les « vieux » font travailler les jeunes. Ce qui paraît nouveau, c'est qu'autrefois les plus âgées faisaient travailler les plus jeunes parce qu'ils étaient propriétaires des moyens de production (dans l'agriculture par exemple) alors qu'aujourd'hui on attend collectivement que les plus âgées fassent travailler les jeunes simplement parce qu'ils sont vieux. On est passé -et c'est une évolution considérable- de la production de biens à la production de services, la vieillesse devenant enjeu de création de richesse. C'est, pour une part, ce qui se cache derrière ce qu'on appelle le marché de la vieillesse. C'est aussi ce qui se cache derrière la question de la solvabilité des personnes âgées devenues dépendantes. Quand on attendait de l'instauration de la P.S.D.[1] qu'elle crée de l'emploi, quand on regarde les services à la personne comme un gisement potentiel d'emploi, on attend des vieux qu'ils créent de l'emploi parce qu'ils sont vieux. Pourquoi pas d'ailleurs ? Voici une utilité sociale plutôt noble pour les plus âgés que de donner du travail aux plus jeunes... Utilité et noblesse qui semblent plus évidentes encore si l'on prend soin de construire une véritable politique sociale et médico-sociale qui permette réellement et de manière égale à tous les Français âgés, d'accéder à une qualité d'aide et de soin en structure d'accueil, mais surtout à leur domicile, puisque, majoritairement, c'est ce qu'ils souhaitent.

En d'autres termes, le rôle premier joué aujourd'hui par les personnes âgées dans notre pays consiste, de manière directe et surtout indirecte, à procurer de l'emploi aux jeunes. De ce point de vue, la question de l'avenir des retraites ou de l'avenir des revenus des retraités n'est pas seulement le problème de ceux qui sont ou vont être en retraite mais aussi le problème de tous ceux dont les revenus dépendent

---

[1] P.S.D. : Prestation Spécifique Dépendance.

directement des plus âgées. Il y a là un vrai problème de solidarité et de citoyenneté parce qu'en fait les différentes générations en présence se découvrent interdépendantes. Pour une part au moins ce sont les revenus des jeunes qui sont en question dans les retraites des vieux.

Pourtant, tout ne se résume pas à un rôle économique. Nous attendons aussi des personnes âgées qu'elles jouent un rôle de transmission culturelle. De même qu'elles transmettent la richesse économique, elles transmettent la richesse culturelle... l'héritage dans tous les sens du terme. Nous avons d'ailleurs à cet égard une double ambiguïté: nous sommes prêts à penser que les vieux coûtent cher alors que nous attendons qu'ils créent nos emplois ou ceux de nos enfants ! De même nous sommes prêts à célébrer l'héritage culturel et à le dénigrer au profit de la modernité et d'une course effrénée vers le progrès, vers l'avenir, futur dans lequel les savoir-faire ancestraux sont un frein à l'évolution, futur dans lequel l'expérience est un handicap et l'âge un obstacle à l'accélération... de la vitesse.

Dans une société où tout change…

Rôle économique, rôle culturel, rôle psychoaffectif aussi. Nous avons à l'égard des personnes âgées des attentes affectives fortes. Il est clair que ce domaine, bien qu'influencé par tous les autres éléments (économiques, culturels, sociaux) échappe à tout cela. Il est clair également que nos relations affectives (pour une part au moins) sont vécues pour elles-mêmes, entre des gens qui s'aiment, par exemple parce que l'histoire familiale a permis de tisser des liens de tendresse et d'affection très forts. C'est sans doute tellement important que c'est souvent, et finalement, la seule chose qui compte encore, quelle que soit l'avancée en âge.

Mais ces liens affectifs se nouent désormais dans un contexte familial particulier qui mérite d'être regardé parce que la personne âgée y connaît un statut de plus en plus fragilisé.

Ce contexte est fait de familles, de couples qui, nous l'avons étudié dans les chapitres précédents, se composent, se décomposent et se recomposent. Des enfants de plusieurs origines familiales s'y côtoient et y sont élevés partiellement ensemble. Pourquoi pas ? Mais surtout on voit se multiplier les édifices familiaux à générations multiples : quatre voire cinq générations. On s'en réjouit, on chante les vertus de l'intergénérationnalité, on essaie au cours de l'année internationale des personnes âgées de promouvoir « une société pour tous les âges » et l'on a raison parce que c'est difficile.

Si nous ne savons pas faire cela, la fonction sociale des personnes âgées restera pour longtemps mise à mal. Puisque le nombre des vieux augmentera, nous attendrons d'eux qu'ils jouent un rôle considérable sur le plan économique mais nous ne leur accorderons pas en retour le statut, corollaire de ce rôle, qui leur permettrait réellement de le jouer.

Si nous ne voulons pas que les rapports intergénérationnels se réduisent à des problèmes économiques et à des transmissions de richesses ou de patrimoine il nous faudra être très attentifs aux rôles que nous attendons de la part des personnes âgées et aux statuts que nous sommes prêts à leur accorder.

Pourtant certaines personnes âgées posent ces questions de façon tellement criante que dans une sorte d'assourdissement il nous devient difficile d'entendre encore ce qu'elles nous disent. Quelle est, en effet, la fonction sociale de ce vieillard grabataire, incontinent, dément, abattu ou agité, pris en charge au meilleur ou au pire sens du terme dans quelque maison de retraite, long-séjour, E.H.P.A.D.[1] ou service de gériatrie ? Quelle est sa fonction, c'est-à-dire qu'attend-on de lui, que représente t-il pour nous ? Quel rôle attendons-nous qu'il joue ? Quel statut sommes-nous prêts, nous collectivement, (il est trop facile de se défausser sur les soignants) nous citoyens de cette société française contemporaine, à lui conférer ?

Il y a fort à craindre que nous n'attendions qu'une chose : qu'il se taise et quitte la scène ! Pourtant il y remplit, mais de façon méconnaissable, la fonction la plus difficile, la plus noble aussi : celle de l'intellectuel, du philosophe qui consiste à interroger sans relâche ses contemporains sur le sens qu'ils donnent ou qu'ils reconnaissent à la vie, à la vieillesse, à la mort, à ce que c'est qu'être homme, à ce que c'est que l'humanité. Et c'est à cette question que savent s'ouvrir les soignants d'exception qui prennent conscience de ce qu'ils puisent dans la relation à l'Autre.

« A quoi on sert si on sert pas ? »
« Faites pas attention, elle est folle »... Sagesse du fou !

Quand bien même la fonction sociale des personnes âgées se réduirait, finalement, à poser la question du sens de la vie, si nous lui reconnaissons cette fonction, alors la vieillesse vaudrait véritablement d'être vécue. Ne maltraitons pas nos philosophes.

---

[1] E.H.P.A.D. : Etablissement d'Hébergement pour Personnes Agées Dépendantes.

Dépendance : désigner pour assigner.

> *« Entre l'enfant au berceau et le vieillard proche du tombeau, un seul point commun, la dépendance. Mais la dépendance du bambin se vit dans la joie, avec la perspective exaltante de lâcher bientôt la main de l'adulte, alors que le sénile se cramponne à ses enfants devenus adultes, effrayé de devoir bientôt lâcher la rampe. »*[1]

Au cours des vingt dernières années, nous avons vu évoluer nos manières de considérer, et de désigner les difficultés liées à l'âge et de classer, du même coup, les personnes qui en sont affectées. Indépendamment des diagnostics médicaux individuellement portés, à partir des symptômes des personnes, nous avons observé un double processus : l'abandon progressif de la classification référée à la validité et l'émergence, puis l'omniprésence, de la classification référée à la dépendance. Histoire de mots ? Bien sûr, donc histoire de sens.

La validité ou l'invalidité offraient des catégories imprécises et pourtant médicalement certifiées. Il revenait au médecin d'attester de la validité ou de l'invalidité d'une personne, la semi-validité lui permettant de caractériser des situations intermédiaires.

La classification référée à la dépendance et l'évaluation de cette dépendance vont permettre, c'est loin d'être négligeable, de ne pas réduire l'approche des

---

[1] Jean MAISONDIEU. Le crépuscule de la raison. Ed. Le Centurion. Paris, 1989.

personnes âgées, de leur santé ou des difficultés qui accompagnent leur vie, à une approche exclusivement médicale. Au contraire, cette notion de dépendance permet d'établir un lien entre une approche médicale et une approche médico-sociale. Ne pas médicaliser ce qui n'a pas forcément à l'être, voilà une évolution a priori positive. Ce passage d'un mode de classification et de désignation à un autre pose pourtant problème.

Le rapport du comité de pilotage de l'année internationale des personnes âgées[1] attire ainsi l'attention sur le fait que : « *La référence à la dépendance [...] a des conséquences graves qui sont un isolement des pratiques de notre pays par rapport aux communautés professionnelles et scientifiques du monde entier...* » Il poursuit : « *Rien ne justifie, sur le plan conceptuel, d'avoir remplacé la notion de handicap par celle de dépendance, que les Français sont les seuls à utiliser, entraînant des incompréhensions dans les échanges internationaux professionnels et scientifiques, une réglementation fondée sur la segmentation des politiques et contribuant à la renforcer, la ségrégation des populations, l'inefficacité et l'inéquité des prises en charge...* »

Pourquoi, en effet, ne pas avoir adopté, pour les personnes âgées, les catégories adoptées dans la classification internationale des handicaps et qui peuvent s'adapter à toutes personnes, sans introduire de ségrégation supplémentaire au motif de l'âge ? Sans doute parce que nous avons particulièrement peur des handicaps ou peut-être même des « handicapés » et que, de ce fait, nous avons adopté une classification qui induit qu'il vaut mieux, en France, être une

---

[1] Comité de pilotage de l'année internationale des personnes âgées, présidé par M. Michel THIERRY et dont le rapporteur était M. Jean-Marie PALLACH.

personne âgée devenue handicapée qu'une personne handicapée devenue âgée. C'est subtil mais c'est efficace du point de vue de la ségrégation.

Pourtant cette classification « ordinaire », internationale, permet de distinguer, dans toutes les situations, la déficience, l'incapacité et le désavantage qui affectent une personne.

- La déficience : toujours partielle, éventuellement réversible, pouvant parfois donner lieu à intervention médicale ou paramédicale, évaluable à l'intérieur d'une nosographie[1] médicale établie et connue.

- L'incapacité : toujours relative. Elle est la conséquence directe de la déficience qui entraîne, pour la personne, une impossibilité de faire ceci ou cela. L'incapacité est toujours relative à ce qui l'engendre et, de ce fait, n'est jamais totale. Personne n'est en incapacité totale et absolue, sauf à en mourir. Cette approche est intéressante en ce qu'elle permet non seulement de voir ce que la personne ne peut plus faire mais de voir aussi ce qu'elle peut encore faire. On peut ainsi mettre l'accent sur le « possible encore » et considérer la vieillesse comme une phase de développement des capacités… encore.

- Le désavantage : partiellement, au moins, compensable. La déficience partielle et l'incapacité relative qui l'accompagne créent une situation dans laquelle la personne est ou peut être, socialement désavantagée. Ce désavantage peut, quant à lui, être, en partie au moins compensé par de l'aide professionnelle, matérielle, financière etc. C'est la fonction d'une prestation sociale que de compenser ou de contribuer à compenser ce désavantage.

---

[1] Nosographie : description et classification des maladies.

Il nous faudra bien revenir, pour les personnes âgées, à une catégorisation de ce type qui paraît autrement utile que celle fondée sur la dépendance, notion globalisante et écrasante. En effet, bien que la dépendance soit désormais évaluable à l'intérieur de grilles très sophistiquées, la précision que cette évaluation permet n'a de sens que par rapport à des critères de classement internes, auto générés. La grille A.G.G.I.R.[1] vous classe ainsi en catégories graduées dont la gravité ou le caractère bénin sont relatifs aux autres catégories de la grille… S'en suivent alors des comparaisons de niveaux, notamment au centre de la grille, entre les niveaux trois et quatre etc.

Et que dire des calculs merveilleux auxquels, bon gré, mal gré, se livrent les responsables d'établissements pour sortir un « G.M.P. », G.I.R[2]. moyen pondéré qui permettra d'établir une corrélation entre le niveau moyen de dépendance des résidents et le financement attribué ! Subtilement conviée, la « Do.Mini.C. »[3] », mettra tout le monde d'accord. Voilà ce que, finalement, produit cette référence à la dépendance ! Et, pour masquer ce processus ou calmer les inquiétudes de quelques esprits critiques, on n'oublie pas de nous rappeler que tout cela contribue à la « démarche qualité », qu'il est essentiel de placer la personne au cœur du dispositif, que l'établissement travaille en réseau etc.

La grille A.G.G.I.R. (ou les autres, du reste) a beau être iso-normée et informatisée, elle n'en est pas moins enfermante que les grilles, certes moins virtuelles et plus visibles, de l'hospice, de l'asile ou de l'hôpital psychiatrique.

---

[1] A.G.G.I..R. :Autonomie Gérontologique Groupe Iso Ressources.
[2] G.I.R. : catégorie de classement, Groupe Iso Ressource.
[3] D.O.Mini.C. : Dotation Minimum de Convergence.

Elle n'enferme pas tout à fait de la même manière, mais sa fonction fondamentale ne change pas : elle désigne la personne pour lui assigner une place qu'elle ne pourra plus quitter.

Autonomie et dépendance.

> *« Toute personne âgée dépendante garde la liberté de choisir son mode de vie. »*
> Extrait de la Charte des droits et libertés de la personne âgée dépendante. Article premier.

Le passage de la référence à l'invalidité à la référence à la dépendance pour désigner et classer les personnes âgées n'a donc pas produit les effets bénéfiques que l'on pouvait en attendre même si, il faut le reconnaître, il a eu au moins le mérite de ré-interroger les pratiques médicales et médico-sociales et ce n'est pas rien.

On peut, de plus, observer que, dans le langage courant, professionnel ou non, ce terme de dépendance est désormais devenu le contraire de l'autonomie. Pourtant : le contraire de l'autonomie, c'est l'anomie ou l'hétéronomie et le contraire de la dépendance c'est l'indépendance. Qu'est-ce à dire ?

Une définition de l'autonomie selon le sens commun, reprise, par exemple par un dictionnaire comme le « Petit Larousse », donne d'abord l'autonomie comme synonyme d'indépendance. Jusqu'à des éditions récentes, il ajoutait *« liberté de se gouverner par ses propres lois »*. Du point de vue de la stricte composition étymologique du mot, c'est sans doute incontestable. Mais au-delà ? Personne, bien sûr, ne peut jamais, sauf à développer une pathologie mentale, se conduire selon ou par ses propres lois. Personne n'élabore sa loi. Il nous faut donc entrer dans une définition plus complexe de l'autonomie qui pourrait être le fait, pour une personne de faire sienne la loi, au point de s'y conformer librement. C'est évidemment paradoxal. Il s'agit bien de liberté, il s'agit bien de décider pour soi-même, pour les éléments et évènements majeurs de sa propre vie, en tenant compte de la loi et, par conséquent des normes, de la culture, bref, de la société dans laquelle, en intégrant la loi, je m'intègre.

Il devient clair, alors, que je peux être handicapé et autonome. Je peux, en effet, présenter une déficience dont découle une incapacité et qui, ensemble, engendrent un désavantage, et rester tout à fait capable de décider pour moi-même, s'agissant de ma vie.

Il devient clair, de la même manière, que je peux être une personne âgée, très âgée, dépendante et autonome, capable de décider encore pour moi-même, s'agissant de ma vie.

Il devient clair, également, que la proposition sémantique étrange qui fait de la dépendance le contraire de l'autonomie produit un effet désastreux sur l'image des personnes dites dépendantes qui perdent, de fait, au regard des autres, leur autonomie.

Pire que cela, cette proposition sémantique remplit, selon nous, une fonction. Elle permet, elle nous permet de croire que l'on peut impunément spolier une personne âgée de son autonomie au prétexte ou au motif de prendre en charge sa dépendance ! Quel drame !

C'est par ce phénomène incontrôlé, discret, subreptice, déloyal, que la notion de dépendance devient « *un véritable vecteur d'exclusion de la société...* » comme le souligne encore le rapport du comité de pilotage de l'année internationale des personnes âgées.

Ce traitement social dont font l'objet les personnes âgées dites dépendantes, dessine, on l'aura compris, non seulement des réponses plus ou moins adaptées, plus ou moins agréables, plus ou moins enviables à des situations difficiles, mais encore une véritable problématique des droits de l'homme âgé.

Le Haut Comité à la Santé Publique, dans son rapport de février 1999 sur la progression de la précarité en France, définit l'exclusion de la manière suivante : « *L'exclusion est, en fait, une réalité dynamique caractérisée par l'absence, pendant une période plus ou moins longue, de la possibilité de bénéficier des droits attachés à la situation sociale et à l'histoire de l'individu concerné.* »

S'agissant des personnes âgées, la spoliation que nous venons de décrire constitue précisément cette dynamique et ce peut être vrai en hébergement comme à domicile. Il y a si souvent dans nos modes de prise en charge une véritable expropriation du droit de la personne à décider de son sort, à exprimer ses goûts, à faire valoir ses intérêts en fonction de son histoire personnelle et de son appartenance sociale et culturelle !

La dilution individuelle dans le collectif de prise en charge et le discours qui vient la justifier, font ou tendent à faire de l'établissement ou du service des zones de non droit du fait de l'âge ; ils constituent des dénégations identitaires et, par conséquent, de véritables atteintes aux droits de l'homme, fût-il âgé.

Dépendance ou interdépendance ?

« Nous sommes tous les deux près du ciel, Madame
Puisque vous êtes belle, et puisque je suis vieux. »[1]

Victor HUGO

Il s'en est fallu de peu, pourtant, que cette notion de dépendance nous soit utile. Il suffisait en effet de regarder les situations dites de dépendance avec un œil systémique et l'on aurait, d'emblée, compris que celui qui dépend, dépend de quelqu'un qui, lui-même, de ce fait, lui est lié. Qu'il s'agisse d'un lien naturel ou culturel, familial ou professionnel, peu importe. Il n'existe pas de lien de dépendance qui ne soit réciproque et c'est, sans doute la chance que nous avons à percevoir et à saisir. Ce lien est interactif, il est interdépendance. Or c'est évidemment ce qui fait l'homme que de vivre des relations d'interdépendance. C'est cela qui constitue l'épaisseur, l'intensité du lien social, la réciprocité de ce rapport de dépendance. C'est vrai à tous les âges de la vie, c'est encore vrai quand, vieillissant, on se rapproche de la fin de sa vie et que, parfois, tout devient difficile.

Mais, il faut bien l'admettre, il nous est particulièrement difficile de nous reconnaître dépendants du vieillard. On peut dénoncer la difficulté où nous sommes d'assumer la présence, les soins, l'attention constante… On peut se plaindre d'être débordé, épuisé, de n'avoir pas les moyens, d'être seul…

---

[1] Victor HUGO. *Toute la lyre*, à Madame Judith Gautier.

Nous pouvons, en d'autres termes, et nous savons le faire, dénoncer le lien d'interdépendance au moment même où nous savons, intuitivement ou par le raisonnement, qu'au lieu de le dénoncer, il faudrait le cultiver. Mais que c'est difficile !

Cela suppose de pouvoir, au moins un peu, se regarder dans le visage de l'autre et de s'y reconnaître ou, si l'on préfère, de reconnaître la part du vieillard qui est en nous-même, dément, incontinent, fou, mourant, pour pouvoir la supporter chez l'autre. Cette part de l'autre en moi, c'est ce que j'ai à apprivoiser pour développer ma propre capacité à tisser du lien, de l'interdépendance avec autrui, au moment où il en a peut être le plus besoin et où il a perdu ou presque, la capacité à le dire et à se faire entendre.

Autonomie, dépendance, il se pourrait bien, dès lors que ces deux notions relèvent du même processus de sérialisation des individus dans une multitude morcelée, sans lien. A l'autonomie - dépendance des individus il nous faut opposer l'interdépendance des personnes au sein de la communauté des hommes. C'est là le lien, c'est là le sens, c'est là la richesse de la relation à l'autre qui, même dément, garde alors sa pleine capacité d'homme.

Eloge de la fragilité.

« N'y a-t-il pas des circonstances où nous ne pouvons plus rien attendre parce que rien ne nous sollicite et que le monde des possibles est presque réduit à néant ? [...] Qu'en est-il d'une personne fort âgée ? Que peut-elle attendre sinon la mort, quand elle a la force de la considérer s'approchant d'elle et pour qu'ainsi regardée, examinée elle devienne en quelque sorte son bien et non point une intruse ? »[1]

A tenter de dire cela, cette interdépendance, et à le recevoir, peut-être, on a le sentiment de toucher à des choses délicates, sensibles, fragiles... Qui semblent ne tenir qu'à un fil ou ne s'entendre *« qu'au murmure d'une brise légère. »[2]*

C'est de cette fragilité qu'il nous faut faire l'éloge parce qu'elle est en nous la dimension de sensibilité à l'autre et parce que l'intervention délicate de certains de ceux qui travaillent auprès des vieillards tellement « détériorés », est, parfois, de cet ordre. Le lien d'interdépendance est fragile, le sourire qu'il donne et qu'il permet s'efface de si peu... L'équilibre de ce vieillard qui marche encore un peu, promenant, du bout des doigts, son déambulateur ou soutenu par la tendresse bienveillante de sa fille, de son fils, d'une aide soignante ou d'un médecin, cet équilibre est si fragile, il est pourtant ce qui motive encore la présence, le soin, l'aide. Fragile équilibre, filet de voix, murmure, souffle fragile, à peine maintenu...

---

[1] Pierre SANSOT. Ibidem. P. 74.
[2] Ancien Testament. Livre des Rois, 19,12.

Soigner encore, même quand on sait que l'autre ne pourra plus guérir...

Aider encore, même quand on sait que l'autre ne pourra plus faire lui-même...

Rire encore, même quand on sait que l'autre trouve difficilement, dans sa vie, des raisons de rire...

Sourire, toucher, écouter, se taire, regarder, pleurer même, tenir la main, rester... fragilité...

Renoncer à maîtriser, accompagner, c'est de cette fragilité-là, de cette délicatesse-là, de cette tendresse, au fond, qu'il nous faut faire l'éloge. Elle renonce à exercer le pouvoir sur l'autre, surtout quand ce serait si facile de le manipuler, « pour son bien. »

Si nous cultivons, pour nous-même et pour autrui, cette fragilité, vieillir peut devenir une chance, même si le bout de l'âge est lointain.

Conclusion

> *« Je suis passé de l'autre côté du lit*
> *de fer, de manière que son regard ne soit*
> *pas tourné vers la fenêtre. Nous ne parlons*
> *presque pas [...]*
> *Elle soupire et rompt notre silence*
> *par une phrase assez énigmatique qu'elle*
> *disait souvent : « On ne peut pas être et*
> *avoir été. » Et puis des images insolites lui*
> *reviennent : « Tu te souviens de ton grand-*
> *père qui mangeait du pain même avec des*
> *gâteaux ? »*
>
> *Michel RAGON. L'accent de ma mère*

*« Demain, je serai un peu plus
vieux ou je serai mort. »*
Michel Philibert[1].

Peut-on clore un propos qui n'a de cesse de retracer des évolutions ? Par définition celles-ci se poursuivent et l'on voudrait déjà percevoir celles qui pointent, pour les comprendre et influer, soi-même, sur le cours des choses. On ne peut pas clore, la réflexion doit se poursuivre, il faut pourtant suspendre, interrompre le propos et, pour ce faire, avancer quelques éléments.

Notre propos a tenté de suivre une trajectoire qui commence en famille, là où l'on vieillit, le plus souvent, là où l'on aimerait vieillir. Elle se termine en établissement, là où pourtant on aimerait tant ne pas aller. *« La grande majorité des personnes choisit de rester à domicile et on n'a jamais entendu un vieux dire : « C'est chouette, l'année prochaine, je rentre en maison de retraite. »*[2]

La famille est un modèle culturel qui se transforme au fur et à mesure que se transforme la société qui la contient et lui donne forme. Elle devient ainsi, à sa manière, mise en scène de la modernité et se fait éphémère, allégée, virtuelle ; elle se structure sur le modèle du réseau. Elle nous offre une chance de liberté, de choix des liens familiaux, elle pèse de moins de contraintes obligées mais nous invite, sauf à accepter de la voir s'étioler, à une responsabilité, notamment éducative, nouvellement difficile.

---

[1] Michel PHILIBERT. Ibidem.
[2] Jean MAISONDIEU. Cinquième journée gérontologique de Saint-Brieuc. « Les maltraitances des personnes âgées », 27.09.94.

Ces nouvelles formes familiales se compliquent encore d'édifices générationnels à quatre, voire cinq niveaux, dans lesquels nous ne savons pas spontanément évoluer. Il nous faut apprendre à nous y situer, à nous relier, notamment avec les plus âgés qui risquent fort de ne pas se trouver « naturellement » connectés dans des réseaux familiaux complexes.

Les rapports intergénérationnels sont pourtant fondamentaux pour tous ceux qu'ils concernent : *« Pour élever des enfants qui n'aient pas peur de la vie, il faut qu'ils soient en relation avec des vieillards qui n'aient pas peur de la mort. »*[1] Le rôle des grands-parents est ainsi reconnu et leur fonction essentielle doit être comprise. Elle consiste, à travers un rapport apaisé à la mort, à introduire l'enfant au sacré.

Générations multiples, augmentation du nombre de personnes très âgées, vieillissement de la population, le traitement social de la vieillesse devient une question centrale qui se joue en particulier sur deux scènes : celle des retraites et celle des réponses que nous apportons aux demandes des personnes qui, au motif de l'âge ou des situations qu'il engendre, connaissent de grandes difficultés. Formidable évolution, là encore, de l'hospice à l'E.H.P.A.D. et au réseau gérontologique, avec, toujours à l'œuvre, le pire et le meilleur, des pratiques indignes et d'autres, remarquables.

La fonction sociale de la vieillesse et non son utilité, peut alors être décelée, qui, le plus souvent paradoxale, s'exprime silencieusement et nous questionne sur le sens de ce que nous faisons, de ce que nous vivons, sens de la vie, de

---

[1] E. ERIKSON. Cité par A. Carlson et J.Paquet, Ibidem.

la souffrance, de la mort même. Noblesse de cette fonction, exercée par les plus démunis, ceux que l'on nomme personnes âgées dépendantes.

Dépendance, notion qu'il nous faut mettre en question et, finalement récuser, parce que, discriminatoire. Elle finit par exclure ceux qu'elle prétendait protéger. On lui préfèrera l'utilisation des termes « ordinaires » : déficience, incapacité, désavantage. C'est l'interdépendance qu'il faut cultiver, parce que c'est dans cette interaction que se tisse durablement le lien qui réunit les hommes, lien difficile à construire et à maintenir, lien fragile... Eloge de la fragilité.

Cette trajectoire que nous venons de parcourir nous a parfois confrontés à des situations ou traitements qui doivent, à nos yeux, être contestés, voire dénoncés. Il ne s'agit pas de dénoncer ceux qui, compte tenu des circonstances et moyens dans lesquels ils oeuvrent, ne peuvent sans doute pas faire autrement et en souffrent. Il faut pourtant dire cette part inacceptable pour contribuer à l'évolution globale du rapport que notre société entretient parfois si mal, avec les plus vieux de ses membres. En revanche, si cette contestation est mal reçue par certains qui tirent profit de situations qu'ils créent et dans lesquelles la dignité des personnes est bafouée, nous espérons que cela leur permettra quand même de poursuivre une réflexion utile...

Bien au-delà, et même si notre manière de dire les choses a pu, parfois, provoquer le malaise, nous voulons croire que nous sommes enfin dans une phase de l'évolution du rapport entre notre société et ses vieux où peut se jouer quelque chose de l'ordre de la démocratie. Nous devons nous mêler de ce qui nous regarde : la vieillesse. Elle nous regarde parce que nos proches sont déjà vieux, vont le devenir et parce que nous-mêmes, nous vieillissons. Elle nous regarde parce que nous avons éventuellement à accompagner nous-mêmes des personnes âgées, professionnellement ou non et parce que comme citoyens, nous ne pouvons ni ne devons nous désintéresser du sort des plus démunis au prétexte que nous l'aurions confié à des spécialistes.

Dans les années soixante-dix, nous prenions conscience, avec le mouvement antipsychiatrique que la psychiatrie, est une pratique non seulement médicale mais politique. A cause de cela, comme l'écrivait Roger GENTIS : « *La psychiatrie doit être faite / défaite par tous* »[1] De la même manière, nous pourrions écrire que, parce qu'elles sont traitement des populations, la gérontologie et la gériatrie sont aussi des pratiques politiques qui nous concernent tous et doivent, à ce titre « être faites / défaites par tous. »

De la même façon que les psychiatres ont fait l'antipsychiatrie, ce sont les gériatres et autres gérontologues qui ont à faire cette « antigériatrie » et qui, parfois, déjà la font. Ils la font quand ils considèrent le vieillard et son entourage comme des alliés compétents s'agissant d'eux-mêmes et non comme des adversaires qu'il faut réduire... à l'état d'objet de soins, de placement etc. C'est un système qu'il faut mettre en question.

De quoi s'agit-il ? D'inventer, à domicile ou en établissement, dans les services ou institutions, des pratiques au cœur desquelles ce sont les institutions qui s'adaptent aux personnes et non l'inverse. C'est le système qui doit plier et

---

[1] Roger GENTIS. *La psychiatrie doit être faite / défaite par tous*. Ed. Maspero. Paris, 1973.

non les personnes. L'intérêt du système ne saurait, pour aucune raison, passer avant la dignité des personnes et le respect de ce qu'elles ont été ou sont encore.

Chaque citoyen est donc concerné par la manière dont, socialement, nous traitons la vieillesse. Concernés, nous avons à nous impliquer. Il faut rentrer dans les hôpitaux, dans les longs-séjours, les maisons de retraite, les E.H.P.A.D. etc. Y rentrer, non pour y mettre le trouble, mais pour y mettre du *« désordre »*, au sens où en parle Marc GUILLAUME[1] : *« une effervescence »*, de la vie, pour y prendre la part qui nous revient dans la formation du personnel, dans le fonctionnement du conseil de la vie sociale, dans l'accompagnement quotidien de nos proches. C'est l'implication des citoyens qui aidera les personnels, soignants ou non, à poursuivre l'évolution qui a été entreprise.

Demain, l'immense majorité des vieux que nous serons, souhaitera encore vieillir et, sans doute, mourir chez elle. Pourtant, une minorité aura, malgré ce souhait, recours à la gériatrie, aux services et établissements compétents. Nous avons et nous aurons besoin alors de prestations de qualité, à haut niveau de « technicité » et à haut niveau de qualité relationnelle toujours.

Cela coûtera cher ? Bien sûr, et c'est normal, nous devons cette qualité à ceux qui en ont le plus besoin. Il est illusoire de laisser penser que l'on puisse disposer de cette qualité sans qu'elle présente un coût élevé pour les particuliers et pour la collectivité.

Cette implication citoyenne, qui passe notamment par l'impôt et le financement public, exige que nous ne

---

[1] Marc GUILLAUME. *Eloge du désordre*. Ed. Gallimard. Paris, 1978.

renoncions jamais à l'exercice de notre responsabilité personnelle et collective. Nous sommes ensemble responsables de la manière bonne ou mauvaise dont nous traitons les personnes les plus âgées dans notre pays. La fraternité - valeur fondatrice de la République - implique cette responsabilité. Les projets que nous pouvons avoir pour nous-mêmes la requièrent. L'affection que nous portons à nos parents et grands-parents l'exige.

C'est au prix de cette exigence personnelle et collective, de cet effort de vie démocratique, que cette vieillesse qui s'offre désormais à nous peut et pourra constituer une chance pour chacun. C'est la responsabilité qui fait l'homme vivant ; vivre, c'est forcément vieillir et vieillir... c'est vivre.

Bibliographie

ALBOU Philippe. *L'image des personnes âgées à travers l'histoire.* Ed. Glyphe & Biotem, Paris, 1999.

AMYOT Jean-Jacques. *Guide de l'action gérontologique* (sous la direction de) Ed. Dunod, Paris, 1997.

AMYOT Jean-Jacques. *Travailler auprès des personnes âgées.* 2ème édition, Ed. Dunod, Paris, 1998.

ANCIEN TESTAMENT. *Livre de la Genèse. Livre du Deutéronome. Livre des Rois.*

ATTALI Jacques. *Dictionnaire du XXIème siècle.* Ed. Fayard, Paris, 1998.

ATTALI Jacques. *Histoire du temps.* Ed. Fayard, Paris, 1982.

ATTIAS-DONFUT Claudine, ouvrage collectif sous la direction de. *Les solidarités entre générations. Vieillesse, familles, Etat.* Ed. Nathan, coll. Essais et recherches, Paris, 1995.

ATTIAS-DONFUT Claudine, LAPIERRE Nicole, SEGALEN Martine. *Le nouvel esprit de famille.* Ed. Odile Jacob, Paris, 2002.

BASLE Louis. *Le besoin, la dette.* In « Le besoin. » Actions et recherches sociales, déc. 1984.

BEAUDRILLARD Jean. *La société de consommation.* Paris, Ed. Gallimard, 1978 – Ed. Denoël, 1970.

BENASAYAG Miguel. *Le mythe de l'individu.* Ed. La Découverte, coll. Armillaire, Paris, 1998.

BILLÉ Michel *A quoi servent les grands-parents ?* In Dialogue n°158. Ed. Erès Décembre 2002

BILLÉ Michel *Pour leur bien.* In Gérontologie et société *La fin de la vie* n°90

BLANQUART Paul. *Une histoire de la ville.* Ed. la Découverte/Essais, Paris, 1997.

BOBIN Christian. *La présence pure.* Ed. Le temps qu'il fait, Cognac, 1999.

CALONI Michel. *Vivement la retraite.* Ed. du Seuil, Paris, 1979.

CARLSON Alexandre et PAQUET Jean. *Dictionnaire des citations en gérontologie.* Ed. Erès, coll. Pratiques du champ social, Toulouse, 1999.

CASTETS Bruno. *La loi, l'enfant et la mort.* Ed. Fleurus, coll. Pédagogie psychosociale, Paris, 1974.

DOLTO Françoise. *L'évangile au risque de la psychanalyse.* Ed. Jean-Pierre Delarge, Paris, 1977.

FOUCAULT Michel. *Surveiller et punir.* Ed. Gallimard, bibliothèque des histoires. Paris, 1989.

FREUND Julien. *Remarques pour la réflexion sur les besoins.* In « Le besoin », Action et recherches sociales, déc. 1984.

FRONTISI-DUCROUX Françoise. *L'ABCédaire de la mythologie grecque et romaine.* Ed. Flammarion, 1999.

GALBRAITH John Kenneth. *Le nouvel état industriel.* Ed. Gallimard,Paris,1979.

GAULLIER Xavier. *La deuxième carrière... Ages, emplois, retraites.* Ed. du Seuil, coll. L'épreuve des faits, Paris, 1988.

GENTIS Roger. *La psychiatrie doit être faite / défaite par tous.* Ed. F. Maspero, coll. Textes à l'appui, Paris, 1973.

GEAUDROLET Adeline, LAURENT Isabelle, VALIERE Michel. *Amours paysannes.* Ed. Stock, Voix du pays, 1980.

GIRARD René. La violence et le sacré. Ed. Grasset, coll. Pluriel, Paris, 1972.

GUILLAUME Marc. *Eloge du désordre.* Ed. Gallimard, Paris, 1978.

GUILLEBAUD Jean-Claude. *La tyrannie du plaisir.* Ed. du Seuil, Paris, 1998.

GUILLEMARD Anne-Marie. *La retraite, une mort sociale* Ed. Mouton, Paris, 1972.

GUILLEMARD Anne-Marie. *La vieillesse et l'Etat.* Ed. PUF coll. Politiques,1980.

GOURDON Vincent. *Histoire des grands-parents.* Ed. Perrin, coll. Pour l'histoire, Paris, 2001.

HAMILTON David. *La mythologie.* Ed. Marabout, Paris, 1978.

ILLICH Ivan. *Némésis médicale.* Ed. du Seuil, coll. Techno-critique, Paris, 1975.

KNIBIEHLER Yvonne. *La révolution maternelle depuis 1945.* Ed. Perrin, Paris, 1997.

LAING Ronald D. *La politique de la famille.* Ed. Stock, coll. Plus, Paris, 1972, 1979.

LE GOFF Jean-Pierre. *La barbarie douce.* Ed. La Découverte, coll. Sur le vif, Paris, 1999.

LENOIR René. *Les exclus.* Ed. Le Seuil, Paris, 1974.

MAISONDIEU Jean. *Le crépuscule de la raison.* Ed. Le Centurion, Paris, 1989.

MONGIN Olivier. *La peur du vide.* Ed. Le Seuil, coll. « La couleur des idées », Paris, 1991.

OLIVIER de SARDAN Jean-Pierre. *Anthropologie du développement Essai en socio-anthropologie du changement social.* Ed. Apad-Karthala, coll. Hommes et sociétés, Paris,1995.

PAILLAT Paul. *Vieillissement et vieillesse.* Ed. P.U.F., coll. Que sais je ? Paris, 1982.

PARSY Henri. *Agriculteurs en sursis, l'expropriation de la plaine des quatre cantons.* 1957-1987. Lille, 1989.

PHILIBERT Michel. *L'échelle des âges.* Ed. Le Seuil, Paris, 1968.

FREMY Dominique et Michèle. *Quid 2003.* Ed. Robert LAFFONT, Paris, 2002.

RAGON Michel. *L'accent de ma mère.* Ed. Albin Michel,Paris,1980.

RIBES Bruno. *Les implicites de la politique familiale, des impensés qui demeurent.* Ed. Dunod. Actes du congrès UNOPA Brest (10-11 mai 2000).

ROCHEFORT Robert. *Vive le papy-boom.* Ed. Odile Jacob, Paris, sept. 2000.

ROUSSEL Louis. *La famille incertaine.* Ed. Odile Jacob, Paris, 1989.

ROYAL Ségolène. *Le printemps des grands-parents : la nouvelle alliance des âges.* Ed. Robert Laffont, Paris, 1987.

SANSOT Pierre. *Du bon usage de la lenteur.* Ed. Payot & Rivages, coll. Manuels, Paris, 1998.

SANSOT Pierre. *Identité et vie quotidienne.* In : *Identités collectives et travail social.* Sous la dir. De Jacques BEAUCHARD. Ed. Privat, coll. Sciences de l'homme, Toulouse, 1979.

SINGLY François de. *Le soi, le couple, la famille.* Ed. Nathan, coll. Essais et recherches, Paris, 2000.

SEGALEN Martine. *Sociologie de la famille.* Ed. Armand Colin. Paris, 1981-1996.

STOETZEL Jean. *La psychologie sociale.* Ed. Flammarion, coll. Champs, Paris, 1978.

TOURAINE Alain. *Pourrons-nous vivre ensemble ? Egaux et différents.* Ed. Fayard, Paris, 1997.

U.N.O.P.A. Cent idées reçues sur la vieillesse, Reims, 1998.

LA CHANCE DE VIEILLIR

Table des matières

644494 - Mars 2016
Achevé d'imprimer par